"十四五"职业教育国家规划教材

民航地面服务与管理

主审 刘雁琪

主编 郑莉萍 赵 雅

教·学 资源

航空工业出版社

北 京

内 容 提 要

本书主要介绍了民航地面服务与管理的相关知识，全书共分 6 个项目，具体内容包括民航地面服务基础、客票销售服务与管理、机场值机服务与管理、机场安全检查服务与管理、机场候机服务与管理、机场商业服务与管理。

本书内容全面，讲解通俗易懂，图文并茂，可作为职业院校民航服务及其他相关专业的教材。

图书在版编目（CIP）数据

民航地面服务与管理 / 郑莉萍，赵雅主编. -- 北京：航空工业出版社，2025.1(2025.8重印). -- ISBN 978-7-5165-4053-4

Ⅰ．F560.9

中国国家版本馆CIP数据核字第2025V5S129号

民航地面服务与管理
Minhang Dimian Fuwu yu Guanli

航空工业出版社出版发行
（北京市朝阳区京顺路5号曙光大厦C座四层　100028）
发行部电话：010-85672666　010-85672683　　读者服务热线：010-85672635
北京同文印刷有限责任公司印刷　　　　　　　全国各地新华书店经售
2025年1月第1版　　　　　　　　　　　　　2025年8月第2次印刷
开本：787×1092　1/16　　　　　　　　　　　字数：306千字
印张：13.25　　　　　　　　　　　　　　　　定价：49.80元

前 言

中国的航空客运市场多年来保持着高速增长，已经成为全球航空运输业增长的核心。民航服务从空中延伸到了地面，其服务质量也越来越受到民航相关管理部门及企业的重视。本书从狭义的民航地面服务概念出发，将服务内容界定在航空公司、机场等相关企业为旅客提供的各种服务，如售票服务、值机服务、行李服务、安检服务、候机服务、商业服务等方面。本书的框架也据此展开，以旅客乘机旅行之前的机场地面服务为主要内容。

本书在编写过程中主要突出以下特色。

1. 价值引领，立德树人

党的二十大报告指出："育人的根本在于立德。"本书全面贯彻党的二十大精神，以培养学生正确的世界观、人生观、价值观为己任，将爱国主义、民航精神、职业素养等内容有机融入教材中。

例如，本书在正文中穿插"辉煌中国"体例，向学生展示我国民航业的发展成果，以增强学生的爱国热情和民族自豪感；设置"人民至上""爱岗敬业""尽忠职守"等体例，讲述民航服务人员的真情服务事迹，让学生感受"忠诚担当、严谨科学、团结协作、敬业奉献"的民航精神，提升学生的职业认同感；在每个项目末尾设置"民航之窗"模块，引导学生自觉将爱国情、强国志、报国行融入不懈奋斗之中，努力成为社会主义优秀建设者和接班人。

2. 校企合作，协同育人

本书的编写是在一线双师型教师和企业专职人员的支持与参与下进行的，其体例设计充分兼顾了教学大纲要求与企业需求，内容紧密围绕岗位需求"量身定做"，以民航地面服务与管理的工作内容和工作流程为主线，简明扼要地讲解了民航地面服务与管理的基础知识，并注重理论知识与岗位实际的紧密结合，有效提升了全书内容的职业属性，增强了实用性和针对性，能真正地让学生做到学以致用。

3. 全新形态，理念创新

本书切实践行"以学生为主体，以教师为主导，以能力为根本"的教育理念，按照"必需、够用、兼顾发展"的原则组织内容。在设计教材体例时，安排了形式多样的课堂互动和实践任务，增强了教材的互动性、探究性及创新性，能促进学生积极思考、学以致用。

4. 模式新颖，实用为主

本书采用"项目—任务"的编写模式，每个项目都设有"项目导读""学习目标""项目学习效果综合测试"等模块。

➤ **项目导读**：阐述该项目的主要内容，引领学生开展相关知识的学习。

➤ **学习目标**：列明该项目的重要知识点、学生应掌握的操作技能，以及学生职业素养提升的具体内容，旨在促进学生的全面发展。

➤ **项目学习效果综合测试**：设置选择题、填空题和简答题等，旨在检验学生对该项目知识的掌握程度。

项目中的每一个任务均设有"任务情景""知识讲解""任务实施""任务评价""自我检测"等模块。

➤ **任务情景**：以典型任务为依托，参考实际案例为学生创造和实际工作相贴合的学习情境，使学生快速融入工作任务，进入学习状态。

➤ **知识讲解**：重点讲解相关的理论知识。同时，在知识讲解中穿插"课堂互动""知识角""新闻台"等栏目，便于学生学习和理解相关知识。

➤ **任务实施**：根据所讲解的内容安排实践任务，帮助学生巩固所学知识，培养学生的实际操作能力。

➤ **任务评价**：针对相关任务提出评价标准，既方便教师对学生进行考核，又方便学生衡量自己的学习效果。

➤ **自我检测**：设置思考题，帮助学生培养解决问题的能力。

5. 图文并茂，版式精美

本书在正文中插入了大量的图片，以使知识点的讲解更加生动、形象，从而帮助学生更快、更好地理解与掌握相关知识。同时，本书采用双色印刷，版式精美。

6. 数字资源，平台辅助

本书配有丰富的数字资源，教师和学生可以借助手机或其他移动设备扫描二维码观看微课视频，也可以登录文旌综合教育平台"文旌课堂"查看和下载本书配套资源，如教学课件、课后习题答案等。学生在学习过程中有任何疑问，都可以登录该平台寻求帮助。

此外，本书还提供了在线题库，支持"教学作业，一键发布"，教师只需通过微信或"文旌课堂"App 扫描扉页二维码，即可迅速选题、一键发布、智能批改，并查看学生的作业分析报告，提高教学效率、提升教学体验。学生可在线完成作业，巩固所学知识，提高学习效率。

本书由刘雁琪担任主审，郑莉萍、赵雅担任主编，王悦、周航、李春霞担任副主编。由于编者水平有限，书中难免存在疏漏与不当之处，敬请广大读者批评指正。

特别说明：

（1）本书在编写过程中，参考了大量的资料并引用了部分文章和图片等。这些引用

前言

的资料大部分已获授权,但由于部分资料来自网络,我们未能确认出处,也暂时无法联系到原作者。对此,我们深表歉意,并欢迎原作者随时与我们联系,我们将按规定支付酬劳。

(2)本书所选案例均来源于真实事件,但为了避免引起不必要的误会,部分人物使用了化名。

本书配套资源下载网址和联系方式

🌐 网址 https://www.wenjingketang.com
📞 电话 400-117-9835
✉ 邮箱 book@wenjingketang.com

目 录

项目一 >> 民航地面服务基础 ……………………………………………………… 1

任务一　了解机场的基础知识 ……………………………………………… 2
　　一、机场的概念与分类 ………………………………………………… 2
　　二、机场的区域构成及功能 …………………………………………… 4
　　三、机场地面服务的基础知识 ………………………………………… 10

任务二　了解常见的航空组织及航空公司 ………………………………… 12
　　一、航空组织 …………………………………………………………… 13
　　二、航空公司 …………………………………………………………… 16

任务三　熟悉旅客乘机流程 ………………………………………………… 24
　　一、购买机票 …………………………………………………………… 25
　　二、到达机场 …………………………………………………………… 25
　　三、办理乘机手续 ……………………………………………………… 25
　　四、安检 ………………………………………………………………… 26
　　五、候机 ………………………………………………………………… 26
　　六、登机 ………………………………………………………………… 27
　　七、乘坐飞机 …………………………………………………………… 27
　　八、到达目的地 ………………………………………………………… 27
　　九、领取行李 …………………………………………………………… 27
　　十、离开机场 …………………………………………………………… 28

任务四　掌握提升民航地面服务质量的措施 ……………………………… 29
　　一、加强机场信息化建设 ……………………………………………… 30
　　二、实施地面服务全流程监控管理 …………………………………… 30
　　三、提高机场综合服务水平 …………………………………………… 32
　　四、完善机场安检 ……………………………………………………… 32

五、提高不正常航班地面服务水平 …………………………………………… 33
　　六、引导机场商业合理发展 …………………………………………………… 34
任务五　理解信息化技术在民航地面服务与管理中的应用 ………………………… 37
　　一、信息化技术在民航地面服务与管理中的发展 …………………………… 37
　　二、信息化技术在民航地面服务与管理中的实际应用 ……………………… 37
项目学习效果综合测试 …………………………………………………………………… 41

项目二 » 客票销售服务与管理   43

任务一　了解客票销售的基础知识 …………………………………………………… 44
　　一、客票与电子客票 …………………………………………………………… 44
　　二、电子客票票面信息 ………………………………………………………… 44
　　三、电子客票行程单 …………………………………………………………… 47
　　四、购票的有效证件 …………………………………………………………… 48
　　五、票价的种类与适用范围 …………………………………………………… 49
　　六、客票销售的一般规定 ……………………………………………………… 50
任务二　掌握信息查询与订座指令 …………………………………………………… 54
　　一、航班信息查询 ……………………………………………………………… 54
　　二、生成旅客订座记录 ………………………………………………………… 55
任务三　掌握客票变更的方法 ………………………………………………………… 59
　　一、客票变更的含义 …………………………………………………………… 59
　　二、客票变更的一般规定 ……………………………………………………… 59
　　三、客票变更的处理 …………………………………………………………… 60
　　四、退票 ………………………………………………………………………… 61
　　五、FIM 单 ……………………………………………………………………… 63
项目学习效果综合测试 …………………………………………………………………… 66

项目三 » 机场值机服务与管理   68

任务一　掌握值机服务的相关知识 …………………………………………………… 69
　　一、值机服务的基础知识 ……………………………………………………… 69
　　二、值机服务流程及要点 ……………………………………………………… 72
　　三、值机柜台旅客接待流程 …………………………………………………… 74
任务二　熟悉行李托运服务的相关知识 ……………………………………………… 76
　　一、行李运输的基础知识 ……………………………………………………… 76

目录

　　二、行李的收运 ……………………………………………………………… 80

任务三　掌握非正常值机的处理方法 ……………………………………………… 83
　　一、航班不正常 …………………………………………………………… 83
　　二、误机、漏乘与错乘 …………………………………………………… 84
　　三、航班超售 ……………………………………………………………… 86

任务四　掌握特殊旅客的服务与管理 ……………………………………………… 88
　　一、重要旅客 ……………………………………………………………… 89
　　二、无成人陪伴儿童及少年 ……………………………………………… 89
　　三、轮椅旅客 ……………………………………………………………… 91
　　四、其他类型的特殊旅客 ………………………………………………… 93

任务五　掌握行李异常旅客的服务与管理 ………………………………………… 99
　　一、少收行李 ……………………………………………………………… 99
　　二、多收行李 ……………………………………………………………… 108
　　三、污损、破损行李 ……………………………………………………… 110
　　四、托运行李内物被盗或丢失 …………………………………………… 111
　　五、逾期无人认领行李 …………………………………………………… 111
　　六、行李赔偿 ……………………………………………………………… 112

任务六　掌握旅客登机与中转服务与管理 ………………………………………… 115
　　一、旅客登机服务 ………………………………………………………… 115
　　二、旅客中转服务 ………………………………………………………… 117

项目学习效果综合测试 ……………………………………………………………… 122

项目四 》机场安全检查服务与管理 ……………………………………………… 124

任务一　熟悉机场的安检及保卫工作 ……………………………………………… 125
　　一、机场不同区域的安保要求 …………………………………………… 125
　　二、机场安检部门与安检人员 …………………………………………… 129
　　三、机场安检的对象 ……………………………………………………… 131
　　四、机场安检的工作原则 ………………………………………………… 136

任务二　掌握旅客安检的工作方法 ………………………………………………… 138
　　一、证件检查 ……………………………………………………………… 138
　　二、物品检查 ……………………………………………………………… 141
　　三、人身检查 ……………………………………………………………… 142
　　四、开箱（包）检查 ……………………………………………………… 147

项目学习效果综合测试 ……………………………………………………………… 155

项目五 >> 机场候机服务与管理 ……157

任务一 掌握机场广播服务与管理 ……158
一、航站楼广播用语的要求 ……158
二、航站楼广播用语的分类 ……158
三、航班信息类广播用语的格式 ……160
四、出港类航班信息广播用语 ……160
五、进港类航班信息广播用语 ……165
六、例行类、临时类广播用语 ……167

任务二 掌握问询与导乘服务技巧 ……168
一、问询服务 ……169
二、导乘服务 ……170

任务三 掌握突发与意外伤害事件的处理方法 ……173
一、突发事件 ……173
二、旅客意外伤害事件 ……175

项目学习效果综合测试 ……178

项目六 >> 机场商业服务与管理 ……179

任务一 熟悉机场购物及餐饮服务与管理 ……180
一、机场购物服务与管理 ……180
二、机场餐饮服务与管理 ……184

任务二 掌握机场交通及医疗服务与管理 ……186
一、机场交通服务与管理 ……187
二、机场医疗服务与管理 ……190

任务三 熟悉机场其他商业性服务与管理 ……195
一、机场保险服务与管理 ……195
二、机场金融服务与管理 ……196
三、机场邮政服务与管理 ……196
四、机场通信服务与管理 ……196
五、机场旅游服务与管理 ……197

项目学习效果综合测试 ……199

参考文献 ……201

项目一

民航地面服务基础

项目导读

随着全球经济一体化的发展,民航业也有了突飞猛进的发展,乘坐飞机出行也越来越受到大众的追捧。民用机场及各种航空组织作为民航服务的基础条件,经历了从无到有,从小到大的发展过程。了解机场的基础知识,了解常见的航空组织及航空公司,熟悉旅客乘机流程,掌握提升民航地面服务质量的措施,理解信息化技术在地面服务与管理中的应用,是民航地面服务人员工作的基础。

学习目标

知识目标

- 了解机场的分类、区域构成及功能。
- 了解各类航空组织及航空公司。
- 熟悉旅客乘机流程。
- 掌握提升民航地面服务质量的措施。
- 理解信息化技术在民航地面服务与管理中的应用。

技能目标

- 能利用所学知识开展机场问询相关服务。
- 能利用所学知识为旅客提供有关乘机流程的问询服务。
- 能够利用所学知识为提升民航地面服务质量出谋划策。

素养目标

- 强化服务意识,树立"旅客至上"的服务理念。
- 树立"人民至上、生命至上"的工作理念,始终把旅客的生命安全放在第一位。

民航地面服务与管理

任务一　了解机场的基础知识

任务情景

小美毕业后被分配到机场工作，作为一名航站楼的引导服务人员，她需要熟悉机场的组成及各个区域的功能。她很庆幸自己在学校学习期间，已经掌握了机场区域划分及其功能的相关知识，可以很好地解答旅客相关的疑问。

知识讲解

一、机场的概念与分类

机场又称"飞机场""航空港""航空站"。除了跑道，机场通常还设有塔台、停机坪、航站楼、维修厂等，不仅可提供旅客及货物运输服务，还可以提供飞机的起飞、降落、滑行、停放和维修等服务。

（一）按机场的用途划分

按机场的用途来划分，机场可分为民用机场与军用机场两大类。其中，民用机场又可分为通用航空机场与民用运输机场。通用航空机场是指专门为使用民用飞机从事公共航空运输以外的民用航空活动（如救援、勘探、播种、医疗、人工降雨、运动训练等）提供起降场所的机场。民用运输机场是指可以供运输旅客或货物的民用飞机起飞、降落、滑行、停放及进行其他相关活动的机场。本教材所讲述的机场是指民用运输机场。

（二）按机场的航线和规模划分

按机场的规模及其可以承担的航线业务来划分，机场可分为枢纽机场、干线机场和支线机场。枢纽机场是指连接国际、国内航线的大型机场；干线机场是指以国内航线为主，且空运量较为集中的大中型机场；支线机场是指规模较小的地方机场，通常以地方航线或短途支线为主。

（三）按机场的业务量划分

按机场的年旅客吞吐量和年货物吞吐量来划分，机场可分为特大型机场、大型机场、中型机场、中小型机场和小型机场。具体划分标准如表1-1所示。

表 1-1 业务量与机场等级划分

机场等级	年旅客吞吐量（万人次）	年货物吞吐量（千吨）
特大型	≥1 000	≥500
大型	300～1 000	100～500
中型	50～300	12.5～100
中小型	10～50	2～12.5
小型	<10	<2

辉煌中国

北京大兴国际机场

北京大兴国际机场（以下简称"大兴机场"，见图 1-1）定位为大型国际枢纽机场，是国家发展一个新的动力源，是支撑雄安新区建设的京津冀区域综合交通枢纽。

北京大兴国际机场

图 1-1　北京大兴国际机场

机场航站楼秉持节能环保的理念建设。航站楼设计高度50米，采取屋顶自然采光和自然通风设计，同时实施照明、空调分时控制，充分运用绿色节能技术和现代信息技术。航站楼形如展翅的凤凰，采用"五指廊"设计形式。整个航站楼有79个登机口，旅客从航站楼中心步行到达任何一个登机口，所需的时间不超过8分钟，最大化地解决了机场太大、旅客登机距离过远的问题。

大兴机场本着可持续发展的原则，采用滚动发展，分期建设的模式规划设计。其本期按照2025年旅客吞吐量7 200万人次、货邮吞吐量200万吨、飞机起降量62万架次的目标设计；建设"三纵一横"4条跑道、建筑面积70万平方米的航站楼等设施。其远期按照年旅客吞吐量1亿人次以上，年货邮吞吐量400万吨，飞机起降88万架次的目标设计。

大兴机场将与北京首都国际机场形成协调发展、适度竞争、具有国际竞争力的"双枢纽"机场格局，推动京津冀机场群建设成为世界级机场群。

资料来源：北京大兴国际机场官网，
https://enterprise.bdia.com.cn/#/airportIntPage/airSummarized

课堂互动

谈谈你见过的或听说过的世界著名机场。

二、机场的区域构成及功能

机场的主要功能区可分为 3 个部分，即飞行区、航站楼和进出机场的地面运输区。

（一）飞行区

机场的飞行区是飞机的地面活动区域，主要包括跑道、滑行道和机坪等。

1. 跑道

跑道是指机场内主要供飞机起飞和着陆的超长条形区域，其材质多为沥青混凝土。机场跑道的形式主要包括单条跑道（见图1-2）、平行跑道（见图1-3）、交叉跑道（见图1-4）和开口V形跑道（见图1-5）。

大型机场的跑道包含多种形式（见图1-6）。跑道方位和数量的设置，是根据机场的净空条件、风力负荷、飞机的类别和架次、与城市及相邻机场之间的关系、工程地质和水文地质情况、机场周边的地形和地貌、噪声等相关因素综合分析确定的。机场主跑道的方向一般和当地的主风向一致，有些机场还会建有多条不平行跑道，以适应不同季节的不同风向。

图1-2　单条跑道　　　　　　　图1-3　平行跑道

项目一　民航地面服务基础

图 1-4　交叉跑道

图 1-5　开口 V 形跑道

图 1-6　大型机场综合跑道

知识角

跑道的方向和编号

为了便于飞机驾驶员辨认跑道，机场的每一条跑道都有一个编号。跑道编号的依据是跑道的方向。所谓方向，是指驾驶员看过去的方向，也就是其驾机起飞或降落时前进的方向。为精确起见，跑道的方向采用360°的方位予以表示。以正北为0°，顺时针旋转到正东为90°、正南为180°、正西为270°，再回到正北为360°或0°（1度=60角分，1角分=60角秒）。每条跑道就以它的度数作为其编号。

为了简明易记，跑道编号只取方向度数的百位数和十位数，个位数则按四舍五入的原则进位或舍去。例如，方向为284°的跑道编号是28，而方向为285°的跑道编号则是29。因为跑道有两个朝向，所以跑道有两个编号。又因为跑道的两个朝向相差180°，所以跑道的两个编号相差18。例如，对于一条南北朝向的跑道，从它的北端向南看，它的编号是18；从它的南端向北看，它的编号就是36。跑道的编号都是两位数，若其十位数空缺，就用0来表示。

若机场有同一方向的若干平行跑道，则跑道编号后应分别标注L（左）、C（中）、R（右）等英文字母，以示区别。例如，某机场有两条平行的南北向跑道，位于西侧的跑道编号是18R/36L，位于东侧的跑道编号是18L/36R。塔台上的管制员只要告诉驾驶员跑道号，驾驶员就能确认所使用的跑道和起降方向。

资料来源：搜狐网，https://www.sohu.com/a/126875954_465912

2. 滑行道

滑行道（见图1-7）是指机场内供飞机滑行的规定通道。其主要功能是为飞机提供从跑道到航站楼区域的通道，使已着陆的飞机迅速离开跑道，不与起飞滑跑的飞机相互干扰，并尽量避免延误随即到来的飞机着陆。此外，滑行道还提供了飞机由航站楼区域进入跑道的通道。

图1-7 滑行道

滑行道将机场不同的功能区域（如飞行区、航站楼、飞机停放区、维修区及供应区）连接起来，使机场最大限度地发挥其容量潜力，提高运行效率。

滑行道包括主滑行道、进出滑行道、飞机机位滑行道、机坪滑行道、辅助滑行道、滑行道道肩及滑行带等。其中，主滑行道又称"干线滑行道"，是飞机往返于跑道与机坪的主要通道，通常与跑道平行。进出（进口或出口）滑行道又称"联络滑行道"（俗称"联络道"），是沿跑道的若干处设计的滑行道，旨在使着陆飞机尽快离开跑道。

对于交通繁忙的机场，通过设置等待坪、双滑行道（或绕行滑行道）及双进口滑行道等方式，可有效解决因前面的飞机不能进入跑道而妨碍后面的飞机进入跑道的问题，为确定起飞顺序提供了更大的灵活性，也提高了机场的容量和运行效率。

3. 机坪

机坪是指在机场中划定的一块供飞机上下旅客、装卸货物或邮件、加油、维修时停放之用的场地,如图1-8所示。机坪可分为客机坪、货机坪、等待坪和掉头坪等。

图1-8 机坪

客机坪是供飞机机动和停放的区域,通常其紧邻旅客进出的航站楼。除了便于旅客进出机舱,客机坪还用于飞机加油和维护,以及装卸货物或邮件等。

货机坪只用于飞机装卸货物和邮件。由于货机坪与客机坪对机坪、机场设施的需求不同,有条件的机场会将货机坪和客机坪分开,在紧邻货仓的地方单设货机坪。

等待坪供飞机在等待起飞或因让路而临时停放时使用,通常设在跑道端点附近的平行滑行道旁边。

掉头坪供飞机掉头时使用,当飞行区不设平行滑行道时,应在跑道端点处设掉头坪。

课堂互动

你还见过或听说过哪些辅助飞机起飞的机场设施?

(二)航站楼

航站楼是指供旅客在乘坐飞机出发前和抵达后办理各种手续和短暂休息、等候的场所,是机场的主要建筑物。航站楼内设有候机厅、办理旅客及行李进出手续的设施、旅客生活服务设施及公共服务设施等。

兼顾建筑艺术和功能
结构的航站楼

当飞行区只有一条跑道时,为了便于旅客出入城区,航站楼会设置在靠近城市的跑道一侧。当飞行区只有一条跑道且风向较为集中时,航站楼会设置在适当靠近跑道主起飞点的一端。当飞行区有两条跑道时,航站楼会设置在两条跑道之间,这样不仅便于飞机来往于跑道和机坪,而且能够充分地利用机场用地。

大型机场的航站楼和机坪面积都比较大。为了便于航站楼的布局和机坪排水，航站楼会设置在地势较高且平坦的地方。与此同时，航站楼与跑道之间也留有足够的距离，给机坪和滑行道的拓展留有余地。

1. 航站楼的基本形式

航站楼一般分为一层式航站楼、一层半式航站楼及二层式航站楼3种形式。

一层式航站楼是将旅客离港和到港活动都安排在同一楼层，适用于客运量较小的机场。一层半式航站楼是将第一层提供给到港旅客使用，并在该层设置楼前车道，其上的半层供离港旅客使用，这种航站楼形式适用于客运量中等的机场。二层式航站楼通常将第一层提供给到港旅客使用，将第二层提供给离港旅客使用，两层楼前均设置有楼前车道，这种航站楼形式适用于客运量大的机场。

2. 航站楼的区域划分

航站楼分为旅客服务区和管理服务区两个部分。

其中，旅客服务区包括：① 值机柜台，即办理旅客乘机手续的柜台；② 安检、海关、检疫的通道和入口；③ 登机前的候机厅；④ 行李提取处；⑤ 迎送旅客活动大厅；⑥ 旅客信息服务设施，包括问讯处、显示牌、广播通知系统等；⑦ 旅客饮食区域，包括供水处、饭店、厨房等；⑧ 公共服务区，如行李寄存处、失物招领处、卫生间、医疗设施等；⑨ 商业服务区，如各种商店、银行、免税店、旅游服务处、租车柜台等。

管理服务区包括：① 机场管理区，包括机场行政办公室、后勤办公和工作场所，以及紧急救援设施设备存放的场地等；② 航空公司运营区，如运营办公室、签派室和贵宾接待室等；③ 政府机构办公区，如民航、卫生、海关、环保、边检等管理部门的办公区域（见图1-9）。

图1-9　某机场航站楼平面布局图

（三）地面运输区

空中交通与地面交通在机场交汇。一座大型机场的年旅客吞吐量可达千万人次。因此，机场的地面交通就显得尤为重要。机场只有具备便捷的地面交通体系，才能及时地将旅客运送到市区内或其他地方，把货物运送到目的地或与水路、公路、铁路等交通枢纽相衔接。

机场的地面运输区分为机场进出通道、机场停车场和机场内部道路。

1. 机场进出通道

机场进出通道是指连接市区及机场的道路系统。由于乘坐飞机出行有严格的安检程序，旅客要提早到达机场。为了便于旅客进出机场，许多城市都在市区与机场之间修建有高速公路（见图1-10），旅客可乘坐机场巴士、出租车或私家车来往于机场。此外，一些城市还开设有往返于市区与机场之间的城际铁路或地铁，多种交通形式确保了机场交通的方便、快捷。

图1-10　机场高速

2. 机场停车场

机场停车场除了要考虑乘机旅客自驾车辆的停车需求，还要考虑接送旅客的车辆、机场或航空公司职工的车辆，以及出租车等车辆的停车需求。因此，机场停车场必须留有足够大的空间并规划好停车位及进出线路。同时，机场会按车辆使用的急需程度把停车场规划为不同的区域。一般来说，离航站楼最近的是出租车和接送旅客车辆的停车区域，以减少旅客步行的距离；机场或航空公司职工的车辆则被安排到距离航站楼较远的停车区域；有条件的机场还会设置职工专用停车场。

3. 机场内部道路

机场内部道路主要是指航站楼前的机场道路（见图1-11）。这里多是各种接送旅客的车辆行驶或停留，尤其是在机场航班高峰时间段，很容易形成混乱的场景。因此，对机场内部道路进行合理、有效的管理，是促使道路顺畅、保证机场有序运行的重中之重。

图 1-11　机场内部道路

三、机场地面服务的基础知识

机场地面服务一般指从飞机滑入机位直到飞机再次推出的过程中,机场各个保障部门对飞机和旅客所做的一系列地面服务保障工作。

机场地面服务涉及多部门、多工种、多岗位的保障工作,是机场整个保障环节的重要组成部分,直接影响着航班的安全和正点,也决定着航班保障的品质。因此,只有各环节紧密配合、通力合作,方能形成完整的"安全链"和无缝隙的"服务链",从而实现机场、航空公司、旅客利益的最大化。

一般来说,机场地面服务包括旅客地面服务、航班地面服务与飞机地面服务 3 个方面。

(一)旅客地面服务

1. 旅客售票服务

旅客售票服务包括客票销售服务、客票变更服务与退票服务等。

2. 旅客值机与行李托运服务

旅客值机与行李托运服务包括旅客证件和运输凭证的识别与查验、乘机手续的办理、托运行李的接收等。做好旅客值机与行李托运服务,对于提高民航地面服务质量、保证飞行正常,以及安全运行都具有重要意义。

3. 旅客安检服务

旅客安检服务是指机场为防止危害航空安全事件的发生,保障旅客、机组人员和飞机安全而采取的一种强制性的技术检查。机场向旅客提供的服务首先应是安全的,而安检是确保旅客安全的基础。

4. 旅客登机与中转服务

旅客在办理好值机手续并通过安检后，就可以依据登机牌上显示的信息，找到相应的登机口，并在附近候机。机场工作人员需要在航班规定离港时间前有序组织旅客登机。

旅客中转是指旅客在到达其最终目的地之前，需要在某一中途航站换乘另一航班的过程，包括国内转国内、国内转国际、国际转国内、国际转国际4种中转类型。不同的中转类型有不同的中转手续。旅客中转服务就是机场针对不同中转类型的旅客提供相应的引导、问询、安排食宿等服务。优质的旅客中转服务会为旅客带来更为舒适的出行体验。

5. 特殊旅客服务

特殊旅客服务是旅客地面服务的重要内容，它体现了机场对待旅客的态度。人性化的特殊旅客服务能够为旅客带来安全、温馨的服务体验，从而提升机场在旅客心目中的地位。

6. 其他旅客服务

其他旅客服务包括旅客交通服务、旅客问询服务、旅客广播服务、旅客商业零售服务等。旅客交通服务是指机场为旅客提供往返机场，以及机场内部的各种交通服务；旅客问询服务是指机场在航站楼为旅客提供的各种问询服务，其内容包括航班信息、机场设施等；旅客广播服务是指机场为旅客播报与其出行有关的各类信息的服务；旅客商业零售服务是指机场为旅客提供的购物、餐饮、娱乐等服务。

（二）航班地面服务

航班地面服务包括航班进港服务、航班离港服务和不正常航班服务。航班进港服务主要是指机场为进港航班提供的优质、及时和周到细致的接机引导服务。航班离港服务是指机场通过离港控制来保障航班顺利离港的服务。不正常航班服务是指在航班不正常时，机场为尽可能降低负面影响所实施的一系列服务。

（三）飞机地面服务

飞机地面服务是指机场对每一架进入机坪（进港）和从机坪起飞（离港）的飞机提供的一系列保障服务。通常情况下，机场会通过特种车辆、专用设备、专业操作等来保障航班的安全和正点运行。飞机的每一项进出港业务都有专门的工作组负责完成，具体到某一架次的飞机，需要对应的工作组负责指派工作人员在一定时间内完成。

飞机进港时，机坪工作人员一般要为其提供引导、上轮挡、靠客梯车、靠廊桥、开客舱门、卸舱等服务。飞机离港时，机坪工作人员一般要为其提供加油、上水、充电、配餐、机组登机、旅客登机、关客舱门、装行李、关货舱门、撤客梯、撤廊桥、推出、机务检查等服务。

任务实施

机场现状调查

实施步骤:
(1) 学生在课后分组收集有关机场分类、当地机场区域构成及功能的资料。
(2) 学生汇总所收集的资料,选择自己比较感兴趣的内容,整理成一份调查报告。
(3) 按组派代表上台汇报,教师点评。

任务评价

请根据表1-2对上述任务实施的结果进行评价。

表1-2 任务实施评价表

考核内容	分值	自评分	小组评分	教师评分	实得分
熟悉机场分类及作用	30				
掌握机场的区域构成及功能	30				
任务资料收集丰富,小组协作良好	20				
讲解条理清晰,观点表达明确,逻辑清楚	20				
总分	100				

自我检测

机场有哪些分类方法?机场的区域构成是怎样的?机场地面服务包括哪些内容?

任务二 了解常见的航空组织及航空公司

任务情景

进入机场工作的小美最近产生了一个疑问。她发现有些航空公司可以共享贵宾候机室、值机服务和维修服务等,而有些航空公司却不能这样。这是为什么呢?她将这个疑问告诉了机场的老员工。老员工对她说,航空公司之所以可以共享资源,是因为其加入了相应的航空联盟。

知识讲解

一、航空组织

民航运输业涉及多方面的国际事务，如航权、客运及货运、机场、法律、管辖权等，其中的权利、义务、责任等法律关系十分复杂。各个国家有关民航的法律法规具有一定的差异性。为了谋求世界各国民航事业的共同发展，航空组织应运而生，主要包括国际民航组织（International Civil Aviation Organization，ICAO）、国际航空运输协会（International Air Transport Association，IATA）及其他各个地区的民航相关组织。

（一）国际民航组织

国际民航组织是联合国的专门机构，于 1944 年为促进全世界民用航空安全、有序发展而成立。国际民航组织的总部设在加拿大的蒙特利尔，是 193 个缔约国在民航领域中开展合作的媒介。国际民航组织为各个航空公司指定了三字代码，即 ICAO 代码。例如，中国国际航空股份有限公司的 ICAO 代码为 CCA。

1. 国际民航组织的宗旨

国际民航组织由大会、理事会和秘书处 3 级框架组成。其宗旨在于发展国际航行的原则和技术，促进国际航空运输的规划和发展，具体内容如下。

（1）确保全世界国际民用航空安全地和有秩序地发展。

（2）鼓励为和平用途的飞机改进设计和操作技术。

（3）鼓励发展国际民用航空应用的航路、机场和航行设施。

（4）满足世界人民对安全、正常、有效和经济的航空运输的需要。

（5）防止因不合理的竞争而造成经济上的浪费。

（6）保证缔约各国的权利充分受到尊重，每一缔约国均有经营国际空运企业的公平的机会。

（7）避免缔约各国之间的差别待遇。

（8）促进国际航行的飞行安全。

（9）普遍促进国际民用航空在各方面的发展。

2. 国际民航组织的主要活动

国际民航组织依照《国际民用航空公约》的授权，发展国际航行的原则和技术。其主要的工作是制订并更新关于航行的国际技术标准和建议措施。国际民航组织的战略工作计划要求这一工作跟上国际民用航空的发展速度，保持这些标准和建议措施的适用性。

此外,国际民航组织的主要活动还包括修订现行国际民航法规条款并制订新的法律文书、安全监察、统计各项航空资料,以及向各国和各地区的民航训练学院提供援助,使其能向各国人员提供民航各专业领域的在职培训和国外训练。

(二)国际航空运输协会

国际航空运输协会是由世界各国航空公司所组成的大型国际组织,其前身是1919年在荷兰海牙成立的国际航空业务协会,总部设在加拿大的蒙特利尔,执行机构设在瑞士的日内瓦。和监管航空安全和航行规则的国际民航组织相比,它更像是由航空公司组成的国际协调组织,管理在民航运输中出现的诸如票价、危险品运输等问题。国际航空运输协会的标志如图1-12所示。国际航空运输协会为全球各航空公司指定了两字代码,即IATA代码。例如,中国国际航空股份有限公司的IATA代码为CA。

图1-12 国际航空运输协会标志

1. 国际航空运输协会的宗旨

协会的宗旨是"为了世界人民的利益,促进安全、正常和经济的航空运输,扶植航空交通,并研究与此有关的问题""对于直接或间接从事国际航空运输工作的各空运企业提供合作的途径",以及"与国际民航组织及其他国际组织协力合作"。

2. 国际航空运输协会的主要活动

国际航空运输协会的活动主要包括以下内容。

(1)代表会员进行会外活动,向具有权威的国际组织和国家当局申述意见,以维护会员的利益。

(2)监督世界性的销售代表系统,建立经营标准和程序,协调国际航空运价。

(3)承办出版物、财务、金融、市场调研、会议、培训等业务。

通过上述活动,国际航空运输协会旨在统一国际航空运输的规则和承运条件,办理业务代理及空运企业间的财务结算,协调运价和班期时刻,以及促进技术合作等。

(三)航空联盟

航空联盟是两家及以上的航空公司之间所达成的合作协议。参与航空联盟的航空公司之间共用维修设施、运作设备和职员,相互支援地勤与空厨作业,以降低成本,从而使旅客得到更多实惠。例如,旅客可以更低廉的价格购买机票,减少相应的转机次数,更加方便地抵达目的地，等等。另外，旅客在飞行奖励计划（如亚洲万里通）中使用同一账户搭乘不同航空公司的航班，均可赚取飞行里数。

航空联盟提供了遍及全球的航空网络，加强了国际联系，也使得跨国旅客在转机时更加方便。全球最大的3个航空联盟是天合联盟、星空联盟及寰宇一家。

1. 天合联盟

2000年6月22日，法国航空公司、达美航空公司、墨西哥国际航空公司和韩国大韩航空公司联合成立天合联盟（Sky Team，曾译为"空中联队"），其标志如图1-13所示。

图1-13　天合联盟标志

2004年9月，天合联盟与飞翼联盟（也译为"航翼联盟"）合并后，荷兰皇家航空公司和美国西北航空公司也成为其会员。天合联盟有19家航空公司，包含我国的中国东方航空股份有限公司和厦门航空有限公司。

2. 星空联盟

星空联盟（Star Alliance）成立于1997年，是世界上第一家全球性航空公司联盟，总部设在德国的法兰克福。星空联盟的英语名称和标志（见图1-14）代表了最初成立时的5个成员：北欧航空（Scandinavian Airlines）、泰国国际航空（Thai Airways International）、加拿大航空（Air Canada）、汉莎航空（Lufthansa）及美国联合航空（United Airlines）。

图1-14　星空联盟标志

星空联盟自成立以来发展迅速，已经拥有25家正式成员。中国国际航空股份有限公司和深圳航空股份有限公司为星空联盟成员。

3. 寰宇一家

1999年2月1日，美国航空公司、英国航空公司、国泰航空公司、澳洲航空公司和原加拿大航空公司发起结盟，建立寰宇一家。结盟的措施包括：为成员航空公司的旅客提供票位安排服务，成员航空公司的"经常性旅客"里程优惠可在成员之间互换通用，成员航空公司的旅客可自由选择机场候机室，等等。寰宇一家也是全球首个在成员航空公司之间实现电子客票互通安排的航空联盟。图 1-15 为寰宇一家标志。

玩转常旅客之三大航空联盟

图 1-15　寰宇一家标志

（四）中国民用机场协会

中国民用机场协会是经中国民用航空局（以下简称"民航局"）、中华人民共和国民政部批准的中国（不含香港、澳门、台湾地区）民用机场行业唯一的合法代表。该协会总部设在北京。截至 2024 年 6 月 30 日，中国民用机场协会共有 582 家会员，包括 30 家机场集团公司、229 家运输机场公司、133 家通用机场企业、4 家社会组织和 186 家企事业单位，会员机场旅客吞吐量、货运量和航班起降架次达到全国总量的 99%。图 1-16 为中国民用机场协会标志。

图 1-16　中国民用机场协会标志

协会按照"共同参与、共同分享、共同成就"的指导思想，以维护会员合法权益为宗旨，采用多种形式服务会员，如举办各类国内外交流会议、收集和评估机场发展信息、组织课题调研和提出政策建言、受政府委托起草行业标准、推动新技术运用等。

二、航空公司

航空公司是以飞机为运输工具，为旅客和货物提供民用航空服务的企业，它们一般需要经过官方批准,以及获得认可的运行证书等。航空公司的规模可大可小,可只有一架运输邮件或货物的飞机,也可拥有数百架飞机,提供各类全球性服务。

航空公司可按多种方式分类。若按公司规模分,航空公司可分为大型航空公司和小型航空公司;若按飞行范围分,航空公司可分为国际航空公司和国内航空公司;若按运输的种类分,航空公司可分为客运航空公司和货运航空公司;等等。

(一)中国大陆主要的航空公司

1. 中国国际航空股份有限公司

英文名称:Air China

IATA 代码:CA

ICAO 代码:CCA

总部:北京

标志含义:中国国际航空的企业标志(见图1-17)是一个艺术化的凤凰图形。凤凰是中华民族古代传说中的神鸟,也是中华民族自古以来的吉祥鸟。而国航标志中的凤凰图形不仅兼顾了英文"VIP"(尊贵客人)的艺术变形,其颜色也为中国传统的大红色,具有吉祥、圆满、祥和、幸福的寓意,寄寓着国航人服务社会的真挚情怀和对安全事业的永恒追求。

图1-17 中国国际航空企业标志

2. 中国南方航空股份有限公司

英文名称:China Southern Airlines

IATA 代码:CZ

ICAO 代码:CSN

总部:广州

标志含义:中国南方航空的企业标志(见图1-18)是蓝色垂直尾翼镶红色木棉花。木棉花象征着高尚的品格,广受人们的赞美和热爱,被广州市民推举为市花。南方航空选择木棉花作为企业形象,一方面是因为公司总部设在中国南方的广州;另一方面是因为木棉花传达了公司将始终以坦诚、热情的态度为广大旅客、货主提供尽善尽美的航空运输服务的理念。

图1-18 中国南方航空企业标志

3. 中国东方航空股份有限公司

英文名称：China Eastern

IATA 代码：MU

ICAO 代码：CES

总部：上海

标志含义：中国东方航空的企业标志（见图1-19）是将东航英文名称的首字母C、E与核心视觉元素"燕子"巧妙地融为一体，呈现出一只轻盈灵动的"领头燕"振翅高飞的情景，彰显出东航人开拓创新、奋发有为、激情超越的进取精神；飞燕的翅膀形如飞架天穹的桥梁，尾翼形如连接天际的彩虹，更形似闻名世界的黄浦江湾，象征着飞行不仅能实现迅速位移，还推动着五湖四海人们的人文情感交融。与此同时，在中国的传统文化中，燕子也寓意着吉祥与和顺。

图1-19 中国东方航空企业标志

4. 海南航空控股股份有限公司

英文名称：Hainan Airlines

IATA 代码：HU

ICAO 代码：CHH

总部：海口

标志含义：海南航空的企业标志（见图1-20）分别由"大鹏金翅鸟"的金翅膀、头顶的日月宝珠（如意珠）、鸟嘴造型和如意祥云等元素组成。日月宝珠寓意东方文化中至

项目一 民航地面服务基础

高至深的自然，昭示着海南航空将依自然法则生长，扩展至无限空间。图形底部是浪花的写意表达，寓意海南航空将一石激起千层浪，惊涛拍岸，卷起千堆雪。在东方的传说中，水浪纹又是云纹，云蒸霞蔚，水浪花凝结成两朵如意，代表了"海南航空"愿天下人顺心如意的愿望。

图1-20 海南航空企业标志

人民至上

争分夺秒，彰显责任担当——海南航空成功协助旅客护送人体器官

2021年10月的一天傍晚，海南航空深圳地服团队接到客服邮件通知，两名旅客计划从杭州乘坐深圳航空ZH9884次航班落地深圳，在接收一副人体器官（肝脏）后，乘坐海南航空HU7397次航班返回杭州。旅客的中转时间仅为1个小时，并且旅客还有托运行李。按照正常流程，旅客将会错过返航航班，并且当日没有其他航班可供旅客改签，这将导致人体器官错过最佳运送时间，进而影响相关手术的顺利开展。

为了确保人体器官的顺利转运，海南航空深圳分公司启动特殊保障预案。深圳机场值班领导马上协调部署，并亲自带领安检人员到达机坪参与保障。由于分秒必争，指挥中心将两架飞机安排到了相邻的机位上。

旅客乘坐的航班刚落地深圳，机场和海南航空的地服人员就带着办好的相关手续等候在机舱门口了。在120急救车将器官送到机场后，海南航空的地服人员协助旅客快速办理好了器官交接手续。最终，在各相关保障单位的共同努力下，旅客在20分钟内完成了快速中转，成功将人体器官带上返程的飞机，保证了器官移植的最佳时效。旅客在登上返程飞机的那一刻，按捺不住激动的心情，连连向参与保障的工作人员表示感谢。

资料来源：中国民用航空网，http://www.ccaonline.cn/baozhang/678719.html

5. 深圳航空有限责任公司

英文名称：Shenzhen Airlines

IATA代码：ZH

ICAO代码：CSZ

总部：深圳

标志含义：深圳航空的企业标志（见图1-21）以中国神话传说中的大鹏鸟为设计原

19

形，寓意深圳航空立志成为"民族之鹏"。而深圳又名"鹏城"，该企业标志也预示了企业的地域特征。

图1-21　深圳航空企业标志

6. 厦门航空有限公司

英文名称：Xiamen Airlines

IATA 代码：MF

ICAO 代码：CXA

总部：厦门

标志含义：厦门航空的企业标志（见图1-22）是矫健的白鹭在蓝天振翅高飞的形象，展示了厦门航空"团结拼搏、开拓奋飞"的企业精神，也象征着吉祥、幸福永伴旅客。厦门又名"鹭岛"。因此，该企业标志还寓意厦航是从鹭岛腾空而起的白鹭，厦航将永远扎根于厦门，服务于厦门乃至福建的建设和发展。

图1-22　厦门航空企业标志

7. 山东航空股份有限公司

英文名称：Shandong Airlines

IATA 代码：SC

ICAO 代码：CDG

总部：济南

标志含义：山东航空的企业标志（见图1-23）是由3个S形曲线组成，代表擅长飞翔且纪律严明的大雁，也象征着团结一致。3个S的组合看上去像"山"字，寓意着"山东""成功""安全"。

图1-23　山东航空企业标志

8. 四川航空股份有限公司

英文名称：Sichuan Airlines

IATA 代码：3U

ICAO 代码：CSC

总部：成都

标志含义：四川航空的企业标志（见图 1-24）是一只海燕，它奋力翱翔、志存高远的气质，与川航人"咬定青山"的企业精神紧密契合。圆圈代表地球，四条波浪纹寓意百川赴海，奔流涌进，上善若水，厚德载物，同时对应川航"真、善、美、爱"的核心价值观，象征着川航从内陆起飞，萃取陆地文明的稳定持重与海洋文明的外向开拓，以"东成西就，南北纵横，上山出海，网络搭台"的战略布局，架起一座座贯通南北、联通中外的空中金桥。

图 1-24　四川航空企业标志

（二）国际及港澳台地区主要的航空公司

国际及港澳台地区主要的航空公司如表 1-3 所示。

表 1-3　国际及港澳台地区主要的航空公司

IATA 代码	英文名称	中文名称	国家/地区	运单代码
AA	American Airlines	美国航空公司	美国	001
AC	Air Canada	加拿大航空公司	加拿大	014
AF	Air France	法国航空公司	法国	057
AY	Finn Air	芬兰航空公司	芬兰	105
BA	British Airways	英国航空公司	英国	125
BI	Royal Brunei Airlines	文莱皇家航空公司	文莱	672
BR	Eva Airways	长荣航空股份有限公司	中国台湾	695
CV	Cargolux Airlines International	卢森堡国际航空公司	卢森堡	172
CX	Cathay Pacific Airways ltd.	国泰航空有限公司	中国香港	160
DL	Delta Airlines	达美航空公司	美国	006
DT	Angola Airlines	安哥拉航空公司	安哥拉	118
E6	Bringer Air Cargo	美国伯灵格航空公司	美国	417
EK	Emirates Airlines	阿联酋航空公司	阿联酋	176

表 1-3（续）

IATA 代码	英文名称	中文名称	国家/地区	运单代码
ET	Ethiopian Airlines	埃塞俄比亚航空公司	埃塞俄比亚	071
EY	Etihad Airways	阿提哈德航空公司	阿联酋	607
FX	FedEx Express	美国联邦快递航空公司	美国	023
GF	Gulf Air	海湾航空公司	巴林	072
HX	Hong Kong Airlines	香港航空有限公司	中国香港	851
JL	Japan Airlines	日本航空公司	日本	131
KA	Cathay Dragon	国泰港龙航空公司	中国香港	043
KE	Korean Air	大韩航空公司	韩国	180
KL	KLM Royal Dutch Airlines	荷兰皇家航空公司	荷兰	074
KZ	Nippon Cargo Airlines	日本货运航空公司	日本	933
LD	Air Hong Kong	香港华民航空公司	中国香港	288
LH	Deutsche Lufthansa	德国汉莎航空公司	德国	020
LV	Mega Global Air Service(Maldives) Private Ltd.	马尔代夫美佳环球航空公司	马尔代夫	400
LX	Swiss International Airlines	瑞士国际航空公司	瑞士	724
LY	EL AL Israel Airlines	以色列航空公司	以色列	114
MH	Malaysia Airlines	马来西亚航空公司	马来西亚	232
MK	Air Mauritius	毛里求斯航空公司	毛里求斯	239
MP	Martinair	荷兰马丁航空公司	荷兰	129
MS	Egypt Air	埃及航空公司	埃及	077
NH	All Nippon Airways	全日空航空公司	日本	205
NX	Air Macau	澳门航空股份有限公司	中国澳门	675
NZ	Air New Zealand limited	新西兰航空公司	新西兰	086
OS	Austrian Airlines AG	奥地利航空公司	奥地利	257
OZ	Asiana Airlines	韩亚航空公司	韩国	988
PK	Pakistan International Airlines	巴基斯坦国际航空公司	巴基斯坦	214
PR	Philippine Airlines	菲律宾航空公司	菲律宾	079
QF	Qantas Airways	澳洲航空公司	澳大利亚	081
QR	Qatar Airways	卡塔尔航空公司	卡塔尔	157
SA	South African Airways	南非航空公司	南非	083
SK	Scandinavian Airlines	北欧航空公司	瑞典/挪威/丹麦	117
SQ	Singapore Airlines	新加坡航空公司	新加坡	618
SU	Aeroflot-Russian Airlines	俄罗斯航空公司	俄罗斯	555

表 1-3（续）

IATA 代码	英文名称	中文名称	国家/地区	运单代码
S7	Siberia Airlines	西伯利亚航空公司	俄罗斯	421
TG	Thai Airways International	泰国国际航空公司	泰国	217
TK	Turkish Airlines	土耳其航空公司	土耳其	235
TL	Trans Mediterranean Airways	黎巴嫩跨地中海航空	黎巴嫩	270
UA	United Airlines	美国联合航空公司	美国	016
UL	SriLankan Airlines	斯里兰卡航空公司	斯里兰卡	603
UN	Transaero Airlines	俄罗斯洲际航空公司	俄罗斯	670
VS	Virgin Atlantic Airways	维珍航空公司	英国	932
VV	Aerosvit Airlines	乌克兰空中世界航空	乌克兰	870
XF	Vladivostok Air	符拉迪沃斯托克航空公司	俄罗斯	277
5J	Cebu Pacific Air	宿雾太平洋航空公司	菲律宾	203
8G	Angel Air	安琪航空公司	泰国	958

任务实施

航空组织及航空公司调查分析

实施步骤：
（1）学生在课后分组收集航空组织、航空联盟和航空公司的资料。
（2）学生汇总所搜集的资料，选择自己比较感兴趣的内容，并将其整理成调查报告。
（3）按组派代表上台汇报，教师点评。

任务评价

请根据表 1-4 对上述任务实施的结果进行评价。

表 1-4　任务实施评价表

考核内容	分值	自评分	小组评分	教师评分	实得分
熟悉各类航空组织	30				
熟悉航空公司	30				
任务资料收集丰富，小组协作良好	20				
讲解条理清晰，观点表达明确，逻辑清楚	20				
总分	100				

民航地面服务与管理

自我检测

世界上主要的航空组织有哪些？主要的航空联盟有哪些？我国主要的航空公司有哪些？

任务三　熟悉旅客乘机流程

任务情景

张先生第一次到机场乘坐飞机旅行。由于家人已经为其购买了机票，到达机场后，他就直接向候机厅的方向走去，结果被安检人员拦了下来，要其办理乘机手续。张先生一头雾水，明明自己已经购买了机票，为什么不能直接去乘坐飞机呢？小美见到张先生愁容满面，就走上前去，询问怎样可以帮助到他。

知识讲解

旅客乘坐飞机旅行，是从购票开始到乘坐飞机，再到落地离开机场的一系列活动（见图1-25）。这一系列活动中包含了民航地面及空中的各项服务。

图1-25　旅客乘机流程图

项目一　民航地面服务基础

一、购买机票

购买机票是旅客乘机旅行的第一步。旅客可在航空公司、机场及代理机构等售票处购买机票。随着电子商务及网上支付的发展，旅客也可通过电脑、手机等设备在网上查询与预订机票。

民航客票销售人员应根据旅客的需求，为其提供符合要求的机票服务，包括提供航班及座位信息查询、机票预订、出票和机票变更等。

当遇到对机票价格较为敏感的旅客，民航客票销售人员可为其推荐一些出发时间较早、较晚或经停等折扣力度较大的航班；当遇到对时间比较敏感的旅客，则应尽量避免为其选择最晚的航班，以便在预定航班出现延误或临时取消时，旅客不至于无后续航班可签转。

在售票的过程中，民航客票销售人员要做好旅客信息的登记和确认工作，包括航班信息、旅客姓名、证件号码和联系方式等。

二、到达机场

由于航空运输的特殊性，旅客在乘坐飞机前需要办理乘机手续。通常情况下，航空公司规定航班起飞前两个小时开始办理乘机手续，航班起飞前30分钟停止办理乘机手续。因此，旅客应在规定的时间段内到达机场办理乘机手续。

三、办理乘机手续

办理乘机手续包括换登机牌和托运行李。需要托运行李的旅客，应到相应航空公司的值机柜台（见图1-26）办理值机手续。若无行李需要托运，旅客也可通过机场的自助值机设备（见图1-27）和网上值机等方式选择座位并打印登机牌。

图1-26　机场值机柜台

图1-27　机场自助值机设备

机场大厅的显示牌会显示相应值机柜台的位置。值机人员应认真核对旅客的身份信息并为旅客办理乘机手续。

四、安检

旅客安检是指旅客在登机前必须接受的人身和行李的安全检查。这也是为了保证旅客自身的安全和飞机飞行的安全所采取的一项必要措施。图 1-28 所示为机场的安检区域。

图 1-28　机场安检区域

安检人员的职责包括对旅客及其行李、进入候机隔离区的其他人员、物品，以及空运货物、邮件等进行安全检查。

五、候机

通过安检后，旅客可按照登机牌上注明的登机口，找到与其对应的候机区域（见图 1-29），然后在此候机。候机厅内一般设有商店、卫生间、饮水机等基础设施设备。航站楼的广播会告知旅客登机时间及航班的相关信息。

图 1-29　旅客候机厅

六、登机

旅客在听到登机广播后，在登机口（见图1-30）排队登机。工作人员应认真核对旅客的登机牌信息，确定旅客所乘坐的是本次航班，然后引导其通过廊桥或摆渡车登上飞机。

图1-30　登机口

七、乘坐飞机

登机牌上标明了旅客的座位号。登机后，旅客可根据登机牌上的信息找到自己的座位。座位号由1个数字和1个字母组成，数字代表第几排，字母代表位置，如6A、22F等。飞机上的座位号标示在行李舱壁上。

旅客找到座位坐下后，须扣上安全带，并在飞机起飞前关闭手机。在飞行的过程中，航空公司大多会派发免费饮料或点心。若遇进餐时间，机上还会有免费餐食供应。

八、到达目的地

飞机到达目的地后，旅客通过廊桥或摆渡车到达航站楼的航班到达大厅。

九、领取行李

机场会在到达大厅设置行李转盘，并在屏幕上显示可以领取的行李的航班号，以及行李的具体领取位置。旅客可根据显示屏上的提示从行李传送带（见图1-31）上领取自己的行李。若有行李丢失或错拿，旅客可前往行李查询处查询和登记。

图1-31 行李传送带

十、离开机场

旅客可乘坐相应的交通工具离开机场，到达目的地。

任务实施

情景模拟——旅客乘机流程

实施步骤：
1. 学生分为两组，一组扮演旅客张先生，另一组扮演工作人员小美。
2. 根据"任务情景"中提供的相关信息，完成旅客导乘工作。
（1）小美主动向张先生问好，并询问其遇到了什么困难，是否需要帮助。
（2）小美为张先生讲解机场的乘机流程。
（3）小美引导张先生到值机柜台办理乘机手续。

任务评价

请根据表1-5对上述任务实施的结果进行评价。

表1-5 任务实施评价表

考核内容	分值	自评分	小组评分	教师评分	实得分
主动与旅客打招呼并询问情况	20				
正确讲解旅客乘机流程	40				

项目一 民航地面服务基础

表1-5（续）

考核内容	分值	自评分	小组评分	教师评分	实得分
告知旅客值机工作的内容，引导旅客办理乘机手续	30				
流程清晰，表达明确	10				
总分	100				

自我检测

旅客要完成哪些操作，才能顺利地登机开始飞行？

任务四　掌握提升民航地面服务质量的措施

任务情景

服务的定义很广，在小美看来，能够让旅客在出行期间感到安心、顺心、舒心、开心的服务，都是好的服务。但在机场工作一段时间后小美发现，面对形形色色的旅客，厚道服务才是最好的服务。"服务在旅客开口前"是她对厚道服务的理解，通过观察旅客的行为去了解旅客所需，服务在旅客身边。

知识讲解

旅客在乘坐飞机时最基本的需求是安全和准时，然而机场仅仅满足最基本的需求是无法让旅客满意的。机场除了要保证航班的正常飞行，还要提升服务质量，这其中就包括地面服务质量。

服务质量是旅客的期望和被服务的感受比较之后的结果，可能是一次交易的感受，也可能是长期积累的结果和总体印象。民航地面服务质量可以从五个方面来衡量，分别是售前服务（如问询服务、售票服务、值机服务、安检服务）、乘机服务（如旅客登机服务、旅客到站服务、旅客中转服务、旅客经停服务）、售后服务（如特殊旅客服务、航班正常服务、航班不正常服务、航班备降服务）、硬件设施保障（如广播服务、医疗服务、其他服务）、服务人员态度。因此，民航地面服务质量可以通过以下几项措施来提升。

一、加强机场信息化建设

高度的信息化管理可为机场的安全、高效运营提供技术保障，使机场保持稳定、安全运营，还可为机场的设计、运营、建设投资决策提供可靠的技术支持和依据。

为了改善旅客的主观体验感受，机场应将移动互联网、物联网、云计算、大数据、智能信息处理等技术与机场硬件设施相结合，进一步为旅客带去舒心、便捷的出行感受，以实现机场以人为本的服务理念。一般情况下，机场信息化建设可从以下几个方面着手。

（1）信息处理的智能化方面，如航班、气象、旅客、行李、货物、身份、车辆、登机牌等信息的自动化接收和智能化处理。

（2）资源分配的智能化方面，如机位、登机口、值机柜台等资源的自动化智能分配。

（3）旅客服务的智能化方面，如身份识别、区域定位、预警、个性化服务等。

（4）安防的智能化方面，如安防联动、智能防尾随分析、聚众闹事报警、遗留物分析、气体自动检测、警戒区入侵自动跟踪分析、物品移动被盗分析等。

（5）监管的智能化方面，对管控对象的智能化感知、处理、监控、调度、预警等。

（6）流程控制的智能化方面，如航班保障、货运、旅客服务、行政管控等流程的智能化。

（7）信息服务的智能化方面，如针对感知到的相应服务对象（航空公司、旅客等），在相应的时间、按相应的地点、以相应的方式、自动呈现相应的信息。

二、实施地面服务全流程监控管理

地面服务全流程监控管理是一种有利于提高机场运行效率和服务质量的管控方法，能够以全方位的视角、最优的解决方案、最快的处置速度监控和解决服务保障出现的问题，从而优化服务保障工作流程，提高民航地面服务运行质量。

全方位、无死角地监控和管理民航地面服务保障流程的各个环节，需要从系统建设、调度模式、制度完善等多个方面的改变和提升来实现。

（一）建设全面完善的流程监控管理系统

地面服务全流程监控管理必须建立一套"看得见、看得远、看得全"的监控管理系统。该系统集成机场、航空公司、空管、中航信等多渠道牵涉的数据，并按照《航班安全运行保障标准》要求设置廊桥对接、客舱门开启、摆渡车到位、客舱清洁、廊桥撤离等多个影响航班保障的节点。同时，该系统还会针对每一个节点设置提前提醒、催促功能，方便综合调度中心及时发现机场保障服务中未到位的情况和各服务环节的问题，变被动为主动，实现精简流程、规范运行的高效服务管理模式，提升服务品质和保障能力。

（二）成立精准协调的综合调度中心

综合调度中心是整个地面服务保障的信息集成中心、指挥协调中心、监控管理中心，是整个地面服务保障环节的组织者和协调者。

综合调度中心能够打破原来的分级调度、分散布置的模式，将地面服务保障中的各级调度中心化零为整，实现地面服务保障环节之间快捷、准确的信息传递，全面监控从航班到达机位至航班推出的各项地面运行和旅客服务工作，形成涵盖地面服务保障全流程、完整的地面保障体系。

总体而言，综合调度中心可以减少组织管理层级、明确权责，有利于保障信息的快速传递、快速收集、快速分析、快速决策，进一步实现统一指挥、资源共享、联合行动的现代化航班地面服务管控模式。

（三）打造一支现场监控及协调处置团队

地面服务的保障过程中可能会出现各种各样的问题，而问题的解决可能涉及单个或多个部门的协调处理。综合调度中心要想解决相关工作人员自圆其说或推诿扯皮的现象，在监控中做到"管得上、管得到、管得好"，就必须打造一支基本素质好、责任心强、懂运行、熟流程的团队作为监控员。

当无特殊情况时，监控员根据航班的到达时间、起飞时间等时间节点对航班进行监督和检查，对岗位流程上有待改进的地方提出建议，对员工的违章操作和违规行为进行制止并处罚。当出现特殊情况时，综合调度中心应机动调配监控员前往现场进行处置，待监控员第一时间了解事情缘由后，协调各部门解决，并反馈相关处置结果。

监控员的监督检查可以时时提醒各岗位员工，让员工的规范服务处于严格监督之下，使员工服务的及时性和规范化得到进一步的提高。

（四）建立完善的分析评估、改进制度

综合调度中心及监控员在工作中发现，影响航班安全、服务和正点的原因有很多，有硬件原因也有软件原因，有管理原因也有人为原因，有必然因素也有偶然因素。

综合调度中心通过对这些问题进行记录、分类、汇总、分析，进一步提出改进措施，最终形成更为规范的服务流程，从而提升地面服务质量。

三、提高机场综合服务水平

（一）加强员工培训

为了使员工能够不断进取的主动提升专业技能水平，丰富的培训是必不可少的。员工培训的核心指导思想是以差异化服务战略为主导、用以致学。培训内容既要涉及楼内服务、外场作业流程等基础方面，又要涉及设施设备管理、薪酬管理、人力管理等管理方面；既要立足于岗位能力培训，又要学习国家政策方针、行业政策要求；既要适应公司的长期战略和短期经营目标，又要符合员工个人的职业发展，最终使得培训内容转化为员工的综合能力，全面提升地面服务质量。

（二）建立健全的服务质量管理体系

（1）设置专职机构，建立全员参与机制。服务质量管理是一项长期工作，机场需要设置专职机构来协调质量管理的相关活动。服务质量管理的改进和提升不仅要得到高层管理者的理解和支持，还要全面发动员工参与。因此，机场在制订相关服务标准时可以邀请具体业务的相关人员参与，避免服务质量管理的文件难以落地或出现技术性错误。

（2）建立质量标准文献系统，从纲领性文件到过程指导文件，再到操作指导文件和支持性文件，保证各要素相互协调并有序开展。

（3）完善服务质量测评，构建职能部门评价、业务部门自评、外聘专家测评相结合的三位一体评价系统。

（三）重视客户投诉

（1）设立投诉处理机构，处理服务过程中发生的投诉行为，使得旅客的合理要求得以满足。

（2）规范投诉处理程序，简化旅客投诉手续，适当授权投诉处理部门。对于一般性的问题可以临场解决而无须请示，以提高效率，确保及时响应旅客的诉求。

（3）反馈投诉处理信息。对那些投诉量大或有重要价值的信息，工作人员应及时分类和整理，然后将其反馈给相关部门，促使各部门持续改进。

四、完善机场安检

（一）明确安检工作定位

机场安检工作事关社会的公共安全，是机场高度重视的一项工作。因此，在组织实施机场安检工作时，机场应明确以下3个基本原则：① 安检是一项高度优先的工作；② 安检不以营利为目的；③ 个人隐私必须让位于公众安全。因此，机场应根据国家相关法律法规制订出安检规定并广泛宣传，同时从机场设计、组织架构、体系建设、人员安排、设备更新等诸多方面加以完善。

具体而言，机场可为安检部门提供相应的经费，加强设备、技术、物资等保障力度；合理安排安检部门的员工，制订合理的奖惩机制，从而为完善安检提供人员保障。此外，机场还要防止个别素质较低的安检人员滥用职权，蓄意侵犯旅客的隐私；为旅客提供申诉的渠道，保证其合法权益不受侵害。

（二）制订兼具科技性和人性化的安检流程

机场安检的重中之重是查处违禁品。由于科技的迅速发展，一些违禁品也在向隐秘化、智能化发展。在这种情况下，仅依靠人员和基础设备的检查已经难以满足安检工作的需求。因此，机场应注重先进科技在安检工作中的应用，通过采购一批具有先进水平的设备用于安检来解决这方面的问题。

此外，为了确保安检工作的效率，在保障安全的前提下，机场应进行必要的人性化设置，尽量减少旅客的抱怨。例如，将值机柜台与候机隔离区进行衔接，减少旅客在值机柜台、安检区域和候机隔离区之间的行走距离；规定每位旅客等待安检的时间，一旦旅客人数较多，安检调度中心就应及时调配，增加安检通道和人员，对旅客进行分流和疏导。

五、提高不正常航班地面服务水平

（一）满足旅客的知情权需求

相关调查显示，旅客在航班延误时迫切想知道的信息包括以下两项：一是航班延误的原因，二是预计起飞的时间。这就要求地面服务人员加强与航空公司的沟通，并及时将获得的信息通过各种方式传达给旅客。在遇到飞机延误时，地面服务人员应及时与旅客进行沟通，了解他们的需求，安排旅客转机或为其办理退票手续，并为愿意继续等待的旅客及时提供信息，让旅客有安全感。

（二）提高服务人员素质

航班延误考验的是地面服务人员的危机处理能力。当出现航班延误时，地面服务人员切忌忽视旅客或态度恶劣地对待旅客。在日常工作中，地面服务人员可从以下两个方面提高自身素质。

1. 沟通能力

航班延误时，地面服务人员会与航空公司及旅客进行沟通。在与航空公司沟通时，地面服务人员需要询问延误的原因及预计起飞时间，并请求他们动态报告相关信息以便告知旅客；在与旅客沟通时，地面服务人员应表现出足够的真诚和耐心，以安抚他们的急躁情绪，并将所掌握的信息告知旅客，提醒他们适当调整后续安排。同时，地面服务人员还要能够预计可能出现的突发情况，然后及时与相关部门进行协调，如开放贵宾候机室、提供食物和住所等。

2. 情绪安抚能力

航班延误一般会造成旅客的焦虑和烦躁，这就需要地面服务人员及时引导，避免旅客情绪爆发而产生不良后果。

六、引导机场商业合理发展

在商品供应异常丰富、电商极为发达的当下，以及在任何地方都能轻松买到商品的情况下，要想让旅客放下手机走进店铺或在乘机等候时间利用手机端消费，机场需要从航站楼规划与设计阶段开始，在商业定位、商业主题、空间形象、品牌招商、平台打造、营销策划等一系列环节中，创造出超出旅客预期的航空出行商业服务。

（一）商品种类合理化

一般情况下，乘坐飞机的旅客来自世界各地，他们对商品的偏好存在一定的差异。因此，机场应适当调整商品种类，以满足大多数旅客的需求。

（1）了解旅客的构成及他们的消费需求，通过对不同旅客的消费偏好进行整理与分析，掌握他们的消费心理和行为，进而调整机场商品种类布局。通常情况下，在航站楼的各个功能区内，旅客的消费欲望存在一定的差异。例如，在出发大厅，旅客急于办理乘机手续和行李托运业务，在此区域内商品种类应以方便、快速为主；在候机大厅，旅客时间相对充裕，在此区域内商品种类应相对丰富一些。

（2）由于机场运营成本高，其商品价格一般会高于商场，但机场要确保这种向上的浮动在合理的范围之内。一方面，机场要切实按照成本定价法对商品进行定价，即保证商品价格应是成本加上正常利润；另一方面，机场要遵守物价部门的核定，不随意变动价格。

（二）餐饮业务人性化

机场餐饮应与零售业务紧密结合，充分实现两者的有效互补，让旅客体验购物的全方位享受。

（1）提高餐饮业务的便利性。对那些行程紧张的旅客而言，机场需要在不影响行程的前提下为其提供饮食。因此，机场要合理布局一些提供快餐和简餐的餐厅，以满足旅客对于便利性的需求。

（2）提高餐饮业务的质量。对那些在机场逗留时间较长的旅客而言，他们不仅需要更为精致和美味的食物，同时也会对就餐环境提出更高的要求。因此，机场应设立一些

项目一 民航地面服务基础

档次较高、环境较好的餐厅,以满足这部分旅客的需求。

(三)资源平台信息化

更好地利用技术优势的商业模式,可以确保商品信息的准确性,实现线上线下的数据共享。因此,机场可以建立一个基于终端商业服务的在线平台,将商业服务的范围从机场购物的消费者逐步扩展到网上下单的消费者,并提供机场送货服务,直接将商品送到消费者手中。

(四)商业体验升级化

出于旅客对体验的追求,零售业重心逐渐从线上回归到线下,这为机场商业带来了新的机遇。

1. 品牌规划升级

机场应以大数据为基础,建立完整的商业资源评估模型,运用先进的管理工具,合理规划机场商业资源,提升品牌整合和运营管理能力,打造机场独特的商业平台品牌,提升机场商业竞争力。

2. 商业模式升级

机场可从热点消费领域的大局出发,完善机场业务领域的业态,重新优化原有的商业布局,引入以体验为基础的业态模式。同时,在实施招商时,各个消费领域都要选择满足当前旅客消费需求、具有丰富品牌内涵、能够为旅客提供更高品质和体验的消费商品。

3. 机场体验升级

旅客除了关注商品或服务的质量,还对体验环境提出了进一步的要求。机场应努力营造舒适、美观、高效的消费环境,以提高旅客对商品和体验的评价。

政策引领,提升服务——民航服务质量标准明确

2021年9月1日,《公共航空运输旅客服务管理规定》(以下简称"新客规")正式开始实施。随之同步实施的还有《公共航空运输旅客服务质量管理体系建设指南》(以下简称《建设指南》),它首次对航空公司和机场的服务质量管理进行了系统性地规范和指导,成为落实落地新客规的"左膀右臂"。

民航局运输司相关负责人说,新客规的出台,通过明确各方权责关系,进一步提升了民航服务工作的法制化水平。而《建设指南》的出台,通过推动服务供给侧改革,使有益的管理措施、管理经验体系化、制度化,将有力地提升民航服务质量管理的规范化水平,同时也将成为行政机关履行服务质量监管职责的有效抓手。

2017年,我国出台《航班正常管理规定》,将航班正常和航班延误后服务工作纳入

法制化轨道；2018 年，我国出台首部全面指导民航服务质量的纲领性文件——《关于进一步提升民航服务质量的指导意见》；2019 年，民航局开通 12326 民航服务质量监督电话，让旅客"找得到门、找得到人、找得到答案"；2020 年，无纸化便捷出行、行李全流程跟踪等多项便民举措取得显著成效；2021 年，新客规颁布实施，投诉、举报、信息备案等配套文件相继出台，搭建起了较完整的旅客服务质量管理框架……各类积极有益的探索都有效提升了民航服务管理能力，提高了旅客服务水平。

资料来源：中国民用航空网，http://www.ccaonline.cn/zhengfu/zftop/670374.html

任务实施

民航地面服务质量调查

实施步骤：

（1）学生在课后分组收集有关民航地面服务质量的资料。

（2）学生汇总所收集的资料，整理成一份调查报告。

（3）按组派代表上台汇报，教师点评。

任务评价

请根据表 1-6 对上述任务实施的结果进行评价。

表 1-6　任务实施评价表

考核内容	分值	自评分	小组评分	教师评分	实得分
熟悉民航地面服务质量的内容	30				
掌握提升民航地面服务质量的措施	30				
任务资料收集丰富，小组协作良好	20				
讲解条理清晰，观点表达明确，逻辑清楚	20				
总分	100				

自我检测

提升民航地面服务质量的措施有哪些？

任务五 理解信息化技术在民航地面服务与管理中的应用

任务情景

小美所在机场的地服部门在高端旅客服务工作上做了新的尝试与创新，力求让高端服务更加领先化、国际化、品牌化。例如，在高端值机区域增设自助设备，增添高端旅客个性化服务；利用登机牌扫描仪准确统计每日进入各休息室候机的高端旅客数量，及时将旅客基本信息反馈给现场服务人员，便于提供更精准的服务。

知识讲解

一、信息化技术在民航地面服务与管理中的发展

科学技术的发展极大促进了信息化技术的进步，越来越多的信息化技术逐步被应用于实际生产之中。要确保民航业的稳定、健康发展，机场需要在提升对信息化技术认识的基础上，在地面服务与管理中积极应用信息化技术，以此来保证自身的良好发展。

民航业初期阶段的机场形态是提供基本机场运行能力，以机场运营为导向，为飞机起降和进出港的旅客提供必要和安全的基础设施支持。这一时期，机场运营、航线系统和商业单位都是独立的，各自为政，给各个运营主体的合作带来了一定困难。

在信息化技术的不断更新和发展下，机场朝着敏捷性运行发展，机场内各单元和要素之间的协作能力大大增强。机场、空中交通管制、航空公司等相关单位在信息化技术水平不断提高的基础上，建设了一批先进的信息化系统，致力于提升自己的业务能力。例如，机坪管理系统、跑道异物监视系统、电子围界监视系统等可以保障飞机安全起降；广播系统、航班信息显示系统、自助值机系统等能够为旅客提供更便捷的服务，减少旅客的排队时间；办公自动化系统、行李处理系统等给机场地面服务与管理提供更高效、快捷的管理手段。

二、信息化技术在民航地面服务与管理中的实际应用

随着物联网、大数据、云计算、人工智能等新一代信息化技术的产生与发展，机场

以体验为导向，综合运用系统方法、自动控制、模式识别、知识挖掘等理论与工具，以全面态势感知、深度数据融合、主动服务、科学辅助决策为目标，通过建立实时的动态信息服务架构，深度挖掘机场运行大数据，进而不断提升机场资源优化配置、运行管理、公共决策、公众服务、应急处理等能力，从而实现机场主动化运行、个性化服务和智能化管理。

（一）物联网

物联网是基于互联网、传统电信网等信息承载体，让所有能够被独立寻址的普通物理对象实现互联互通的网络。物联网利用射频识别等技术，能够将各种物品与互联网相连接，使得各种物品的信息都能够实时在网络中监控，实现业务流程中各物品的可控。

在民航地面服务与管理中，物联网通过对各类设备添加管理模块并进行网络连接，改变了传统的人与人之间的交流接触方式，实现了人与物的交流，使得各类信息能够更加迅速地进行传递。同时，物联网能够通过设备替代人工进行工作，不仅提高了服务与管理的效率，还降低了人力资源需求。

例如，利用物联网对航站楼内部进行监测，可以减少旅客在等待航班及安检过程中可能出现的各种情况；利用物联网对航站楼外部进行监测，可以为飞机飞行安全提供全面的预警，从而防止突发事件的发生；利用物联网对机场附近的人流量和车流量进行监测，可以根据人员及车辆的定位信息进行分析，进而调整人流和车流调度效果，提高机场各项服务的效率；利用物联网对旅客的托运行李进行跟踪，可以降低旅客行李错拿、漏拿、错运的概率。

（二）大数据

大数据作为"互联网+"模式的关键部分，能为民航地面服务与管理的发展提供强大的动力。机场内布置的各种功能的传感器和数据采集设备，可以对相关数据进行采集并转移至大数据处理系统。通过对数据的不断积累，大数据处理系统所包含的信息量会逐渐增多，在对这些存储信息进行全面分析的基础上，进一步提高地面服务的效率和质量。

例如，在安全运行上，机场大数据处理系统对各业务口的运营数据进行收集与分析，可以反映各业务口的整体运营状态，从而为各种突发事件的应对提供快速解决方案，降低事件可能带来的影响，提高各业务口的运营效率和运营质量。又如，在服务营销上，机场大数据处理系统对旅客的消费数据和消费热点进行收集与分析，可以准确掌握旅客的消费习惯和需求，提供相应的服务选择，提高相关业务部门的营销效率与服务质量。

（三）云计算

云计算通过互联网连接高效的处理器对数据进行处理分析，可以大大提升各业务口

项目一 民航地面服务基础

的数据处理能力，同时节省部门信息化建设的固定成本和设备维护费用。

随着航空运输的迅猛发展，机场航班数量的不断增长，机场在运行中会产生各种类型的数据，如空管数据、机坪数据、设备运行信息等。数据类型繁多、体量巨大、结构不统一是其主要特点。使用云计算，机场能够提高数据传输、数据处理和数据交互的效率，降低数据管理的复杂性、多样性和重复性，提升机场综合集成系统的安全性、灵活性、经济性和可靠性，然后利用各种数据挖掘方法，从航班计划、气象、航行、机场设施设备、地理信息、音频、视频、航班运行管理、旅客信息等数据中充分挖掘机场决策支持信息，从而实现智能排班、智能调度、安全监控、应急管理、系统效能评估等应用。

（四）人工智能

人工智能是信息化发展建设的前沿技术，已经应用于各大领域，如手机语音智能助手、智能客服机器人等。

在民航地面服务与管理中，机场可以在登机口和贵宾休息室、呼叫中心等方面建设和推广人工智能技术。例如，在登机口和贵宾休息室，利用人脸识别技术进行人脸识别工作，提高旅客的身份识别率，降低误登机风险；在贵宾休息室，利用虚拟现实技术和增强现实技术，为旅客提供新颖的个性化服务，提升旅客的产品体验；在呼叫中心，利用人工智能直接解决部分简单的问题，提高服务质量的同时降低服务成本。

此外，机场可以人脸识别技术为核心，结合旅客人脸身份信息库和民航公安情报云平台，对旅客进行智能化分类，实施差异化分类安检，实现旅客出行的全流程自助服务（自助值机、自助行李托运、自助安检、自助登机等），变革旅客出行模式，提升机场运行效率与服务质量，给旅客提供更安全、舒适、便捷的出行体验。

你听说过或见过机场航站楼内的哪些高新科技？

任务实施

民航地面服务与管理信息化技术应用调查

实施步骤：
（1）学生在课后分组收集信息化技术在民航地面服务与管理中应用的资料。
（2）学生汇总所收集的资料，整理成一份调查报告。
（3）按组派代表上台汇报，教师点评。

民航地面服务与管理

任务评价

请根据表 1-7 对上述任务实施的结果进行评价。

表 1-7　任务实施评价表

考核内容	分值	自评分	小组评分	教师评分	实得分
了解信息化技术在民航地面服务与管理中的发展	30				
理解常见信息化技术在民航地面服务与管理中的应用	30				
任务资料收集丰富，小组协作良好	20				
讲解条理清晰，观点表达明确，逻辑清楚	20				
总分	100				

自我检测

在民航地面服务与管理中应用的信息化技术有哪些？

民航之窗

智慧机场提供便捷服务

为提高管理运行品质，成都天府国际机场（以下简称"天府机场"）融合智慧理念，紧跟行业新趋势，加强毫米波安检门等行业新技术应用，以 5G、物联网、大数据、可视化、智能分析、智能神经网络等新技术、新应用作为支撑，加大数据融合与共享，为强化协同、高效、智能的生产运行打下基础。

在 T2 航站楼，不少旅客被设置在出发大厅内的智能问询机器人所吸引。这款机器人通体白色，在大厅内灵活游走，其高度约为一名一年级小学生的身高。据了解，这款机器人可以与旅客语音对话，帮助旅客解决旅途中的小问题。例如，当被问及"如何乘坐出租车"时，这款机器人头部显示器可清晰显示出推荐的乘车地点，十分便捷。

在天府机场航站楼内，大量自助值机设备整齐排列。旅客可在任意一个自助值机设备上办理值机手续。若有托运行李，旅客只需在相关航空公司的自助托运设备上进行简单操作，就能轻松办理托运。同时，天府机场还在交通中心换乘大厅、T1 航站楼、T2 航站楼之间的空港酒店设置了自助值机和自助行李托运设备，让旅客就近办理手续，"卸下行装"，轻松前往航站楼候机。

此外，在行李托运方面，天府机场还引入AGV（自动导引搬运车）行李小车。透过值机柜台后的透明玻璃墙，旅客可以看到多架运载着行李的AGV行李小车快速有序移动。

值得一提的是，天府机场还拥有自动旅客捷运系统，用于连接T1航站楼和T2航站楼。该系统全为地下线，全线长920米，为两个航站楼之间的中转旅客提供免费便捷的摆渡服务。该系统的最大特点是全自动化无人驾驶，是天府机场打造智慧机场的重要体现。

伟大的时代，诞生伟大的工程。天府机场工程的背后是经济社会发展的速度，是科学技术进步的高度，更是关乎百姓生活的温度。

资料来源：中国民用航空网，http://www.ccaonline.cn/zhengfu/zftop/670374.html

项目学习效果综合测试

一、选择题

1. 国际航空运输协会的英文缩写是（　　）。
   A. ICAO　　　　　　　　　B. ITAT
   C. IATA　　　　　　　　　D. CIAO

2. 中国国际航空公司的两字代码是（　　）。
   A. CA　　　　　　　　　　B. AU
   C. AO　　　　　　　　　　D. UF

3. 中国南方航空股份有限公司的两字代码是（　　）。
   A. CA　　　　　　　　　　B. CZ
   C. MU　　　　　　　　　　D. CI

4. 以下属于星空联盟的航空公司是（　　）。
   A. CZ　　　　　　　　　　B. ZH
   C. MU　　　　　　　　　　D. 3U

5. 以下属于天合联盟的航空公司是（　　）。
   A. OZ　　　　　　　　　　B. CA
   C. MU　　　　　　　　　　D. AI

二、填空题

1. 机场主要功能区可以分3个部分，分别为_____、航站楼、_____。

2. 按照机场用途的不同，民用机场可分为_____、_____。
3. 全球最大的3家航空公司联盟是_____、_____、_____。
4. _____的前身是1919年在荷兰海牙成立的国际航空业务协会。
5. 1999年2月1日，美国航空、英国航空、国泰航空、澳洲航空、原加拿大航空5家分属不同国家的大型国际航空公司发起结盟，建立了_____。

三、简答题

1. 什么是航空联盟？通过加入航空联盟，航空公司可以获得哪些好处？
2. 说出国内10家以上航空公司的名称及两字代码。
3. 信息化技术对民航地面服务与管理的发展有何影响？

项目二

客票销售服务与管理

项目导读

客票销售是民航地面服务的首要工作。客票销售工作做得好不好，直接影响着旅客后续的旅行。本项目将重点讲述客票销售的基础知识，航班信息的查询方法，建立旅客订座记录的方法，以及客票变更的方法等。

学习目标

知识目标

- 了解客票销售的基础知识。
- 掌握航班信息的查询方法。
- 掌握旅客订座记录的建立方法。
- 掌握客票变更的方法。

技能目标

- 能够正确查询航班信息。
- 能够使用订座指令建立旅客订座记录。
- 能够熟练、准确地处理客票变更业务。

素养目标

- 培养爱岗敬业、吃苦耐劳的品质和不计得失、乐于奉献的精神。
- 在熟悉操作规范的过程中，增强严守法规意识。

民航地面服务与管理

任务一　了解客票销售的基础知识

● 任务情景

在异地读大学的小帆突然接到家中来电,要她尽快赶回家中。路途遥远,乘坐飞机无疑是最快的出行方式。由于小帆没有足够的钱买机票,所以她让家人在互联网上为她订票,然后将相关的信息告诉她。这样,她只需凭有效证件就可到相应的机场乘坐飞机。小帆开心地说:"现在太方便了,我拿着身份证就可以直接办理乘机手续,不必自己购买机票。"

● 知识讲解

一、客票与电子客票

客票是指由航空公司或其代理机构开具的旅客运输凭证。客票实行实名制管理,只限客票上所列姓名的旅客本人使用,不得转让,否则客票无效,且票款不退。

客票包括纸质客票和电子客票。电子客票也称"无纸化客票",是指以电子数据的形式体现的旅客运输凭证。电子客票保留在订座系统中。其依托现代信息技术,实现客票销售、旅客乘机及享受相关服务等功能。电子客票的出现既为旅客避免了保存、传送或遗失机票的麻烦,也在为航空公司降低成本、提升效率等方面发挥了巨大的作用。

二、电子客票票面信息

电子客票票面如图2-1所示。

(一)出票航空公司名称

出票航空公司名称通常以航空公司的英文名称表示。国内主要航空公司中英文名称对照及代码如表2-1所示。

图 2-1　电子客票票面

表 2-1　国内主要航空公司中英文名称对照及代码表

航空公司中文名称	航空公司英文名称	两字代码	运单代码
中国国际航空公司	Air China	CA	999
国泰航空公司	Cathay Pacific Airways	CX	160
澳门航空公司	Air Macau	NX	675
奥凯航空公司	Okay Airways	BK	866
中国南方航空公司	China Southern Airlines	CZ	784
中国东方航空公司	China Eastern Airlines	MU	781
成都航空有限公司	Chengdu Airlines	EU	811
重庆航空有限责任公司	Chongqing Airlines	OQ	878
西部航空有限责任公司	West Air	PN	847
厦门航空公司	Xiamen Airlines	MF	731
山东航空公司	Shandong Airlines	SC	324
上海航空有限公司	Shanghai Airlines	FM	774
深圳航空有限责任公司	Shenzhen Airlines	ZH	479
幸福航空有限责任公司	Joy Air	JR	929
西藏航空有限公司	Tibet Airlines	TV	088
四川航空股份有限公司	Sichuan Airlines	3U	876
海南航空公司	Hainan Airlines	HU	880

表 2-1（续）

航空公司中文名称	航空公司英文名称	两字代码	运单代码
北京首都航空有限公司	Capital Airlines	JD	898
上海吉祥航空公司	Juneyao Airlines	HO	081
春秋航空公司	Spring Airlines	9C	089
天津航空公司	Tianjin Airlines	GS	826
华夏航空公司	China Express Airlines	G5	987
中国联合航空有限公司	China United Airlines	KN	822
昆明航空有限公司	Kunming Airlines	KY	833
河北航空有限公司	Hebei Airlines	NS	836

（二）订座状态

订座状态说明如表 2-2 所示。

表 2-2　订座状态

状态	说明
OK	座位已确认
SA	利用空余座位候补
RQ	候补
NS	不单独占座的婴儿

（三）电子客票状态

电子客票常见的 8 种状态及其说明如表 2-3 所示。

表 2-3　电子客票常见的 8 种状态及其说明

编号	状态	说明
1	OPEN FOR USE	客票有效可用
2	VOID	客票无效
3	REFUNDED	已退票
4	CHECKED-IN	已值机
5	USED/FLOWN	已使用
6	SUSPENDED	禁止使用
7	LIFT/BOARDED	已登机
8	FIM EXCH	客票已换开 FIM 单

（四）电子客票号

电子客票号由13位数字组成，其中前3位为航空公司的运单代码。

三、电子客票行程单

电子客票行程单（简称"电子行程单"）是旅客购买航空运输电子客票的付款及报销凭证，兼有行程提示的作用，不作为机场办理乘机手续和安全检查的必要凭证。

购买机票小心伪造行程单

旅客可在所购机票所有行程结束180天内，通过航空公司或其代理机构的官网、移动客户端、服务电话等渠道取得电子行程单。航空公司或其代理机构根据旅客提供的购买方名称、统一社会信用代码和行程信息等如实开具电子行程单，并通过官网、移动客户端下载或发送电子邮件等方式将电子行程单交付给旅客。

一般情况下，电子行程单只能打印一次，若旅客已经打印电子行程单，后续办理客票变更或退票时，需要将原行程单交回客票销售单位。

新闻台

民航客运全面推广使用电子行程单

国家税务总局、财政部、民航局联合发布公告，自2024年12月1日起，在我国民航旅客运输服务领域推广使用全面数字化的电子发票——航空运输电子客票行程单（简称"电子行程单"）。这一革新举措意味着旅客将告别纸质客票行程单，迎来更加便捷高效的出行与报销体验。

电子行程单的全面推行将带来多重利好，民航旅客出行及财务报销将更加高效、便捷。对于旅客而言，通过电子行程单自动化、常态化开具及交付服务，能够更加方便地获取发票，免去柜台打印和邮寄环节，简化了业务流程，同时，在报销时无须提供纸质凭证，避免了发票遗失风险。对于单位而言，财务人员可以通过电子行程单开展无纸化报销、入账、归档、存储等工作，实现相关业务"网上办"，助力财务数字化转型。单位可通过登录电子发票服务平台税务数字账户，查询电子行程单对应的增值税税额并按规定勾选抵扣，极大减轻了财务人员的工作量，提高了线上办理税款抵扣业务的规范性和准确性。随着电子行程单的全面推广使用，纸质行程单的印制、发放、存储、回收等成本也将大幅降低，实现了资源的节约与高效利用。

为方便旅客和单位使用，电子行程单的推广设置了过渡期，从2024年12月1日至2025年9月30日，为纸电并行期。乘机日期在2025年9月30日前的，旅客和单位仍可使用原纸质行程单报销入账并按规定计算抵扣增值税进项税额。需要注意的是，纸质行程单、电子行程单、其他发票三者之间不可重复开具。

资料来源：中国民用航空局，
https://www.caac.gov.cn/PHONE/XWZX/MHYW/202411/t20241109_225796.html

四、购票的有效证件

旅客在订票时须向航空公司或其代理机构提供有效的身份证件。中国大陆地区居民可提供居民身份证、临时居民身份证、护照（见图2-2）、军官证、文职干部证、义务兵证、士官证、文职人员证、职工证、武警警官证、武警士兵证、海员证等，中国香港和澳门地区居民可提供港澳居民来往内地通行证，中国台湾地区居民可提供台湾居民来往大陆通行证，外籍旅客可提供护照、外交部签发的驻华外交人员证、外国人永久居留身份证。

图2-2 护照

16岁以下的中国大陆地区居民可凭出生医学证明、户口簿、学生证或户口所在地公安机关出具的身份证明购票。

内地居民可以使用港澳通行证购买机票吗？购买机票时使用的证件是否必须与乘机证件一致？

五、票价的种类与适用范围

（一）普通票价与特种票价

1. 普通票价

普通票价是指航空公司在政策允许的范围内确定并公布，适用于各航班头等舱、公务舱、经济舱等舱位等级普通成人旅客的不附加任何限制条件的票价，通常称"全价"。全价票在签转、变更和退票等方面的限制很少。

2. 特种票价

特种票价通常分为以下两类。

一类是适用于政府规定的特定人群的票价。例如，革命伤残军人和因公致残的人民警察购买国内航班机票的票价，可以按同一航班对应舱位成人普通票价的50%计价，航空公司不得附加购票时限等限制性条件。

机票价格是怎么制订的

另一类是航空公司根据市场淡旺季、购票人数、购票时间的早晚等情况推出的折扣票价。客票价格越低，限制条件相对也越多。

（二）头等舱与公务舱票价

头等舱与公务舱作为飞机上的高端舱位，为旅客提供了更为舒适的体验和服务。

为适应国内航空运输市场发展，民航国内航线头等舱、公务舱票价实行市场调节价，由各航空公司自主定价。各航空公司国内航线头等舱、公务舱价格种类、水平及适用条件（含头等舱和公务舱的座位数量、与经济舱的差异以及相匹配的设施和服务标准等）会有所不同。

（三）儿童与婴儿票价

儿童旅客是指旅行之日满两周岁但不满12周岁的旅客。婴儿旅客是指旅行之日不满2周岁的旅客。值得注意的是，某些航空公司对于出生未满14天的婴儿不予承运。儿童和婴儿的票价规定如下。

（1）儿童应按照同一航班成人普通票价的50%购买儿童票。儿童客票提供座位且适用相应的运价规则。

（2）婴儿应按照同一航班成人普通票价的10%购买婴儿票。婴儿客票不提供座位，且婴儿应购买与其陪同人相同舱位服务等级的客票，若需要单独占座位时，应购买儿童票。

（四）团体旅客票价

旅客人数在10人（含）以上，航程、乘机日期、航班和舱位相同，并按同一类团体票价支付票款的旅客称为团体旅客。儿童、婴儿不计入团体人数内。团体旅客可以在开放的航班上申请订座,订妥座位后,应在规定或预先约定的时限内购票,否则,所订座位不予保留。

航空公司可视团体旅客人数和航班座位的销售情况,向团体旅客提供优惠的票价,大多数航空公司采用一团一议的方法予以优惠,同时采用多等级舱位的方法进行管理。该票价一般附有不得签转、出票时限等限制运输条件。

(五)免票、优惠票

对于航空公司特殊批准的旅客,凭乘机证明可以填开由该航空公司的免票、优惠票。例如,航空公司以免票作为员工福利。又如,航空公司常旅客可凭里程积分换取免票等。

六、客票销售的一般规定

航空公司或其代理机构通过网络途径销售客票的,应将运输总条件的全部内容纳入旅客购票时的必读内容,以必选项的形式确保购票人在购票环节阅知。航空公司或其代理机构通过售票处或电话等其他方式销售客票的,应提示购票人阅读运输总条件并告知阅读运输总条件的途径。运输总条件至少应包括下列内容。

(1)客票销售和退票、变更实施细则。

(2)旅客乘机相关规定,包括婴儿、孕妇、无成人陪伴儿童、重病患者等特殊旅客的承运标准。

(3)行李运输的具体要求。

(4)超售处置规定。

(5)受理投诉的电子邮箱和电话。

航空公司或其代理机构通过网络途径销售客票的,应以显著方式告知购票人所选航班的主要服务信息,至少应包括以下几项内容。

(1)承运人的名称,包括缔约承运人和实际承运人。

(2)航班始发地、经停地、目的地的机场及其航站楼。

(3)航班号、航班日期、舱位等级、计划出港和到港时间。

(4)购票人同时预订两个及两个以上航班时,应明确其是否为联程航班。

(5)该航班适用的票价以及客票使用条件,包括客票变更规则和退票规则等。

(6)该航班是否提供餐食。

(7)按照国家规定收取的税、费。

(8)该航班适用的行李运输规定,包括行李尺寸、重量、免费行李额等。

航空公司或其代理机构通过售票处或电话等方式销售客票的,应告知购票人上述信息或获取上述信息的途径。

联程航班

联程航班是指旅客预订了使用同一个客票号码的两个（含）以上的航班（即使是不同航空公司的航班）。若旅客同时预订两个及两个以上的航班，航空公司或其代理机构应明确告知其预订的是否为联程航班。

联程航班的行程在未发生旅客非自愿变更的情况下须按照顺序出行。例如，旅客预订的是广州—北京—哈尔滨的航班，若广州—北京的航班机票未使用，则北京—哈尔滨的航班机票也不可使用。此外，联程航班与非联程航班在客票的改期、退票和签转规则上会有差异。

购票人应向航空公司或其代理机构提供国家规定的必要个人信息，以及旅客真实有效的联系方式。航空公司或其代理机构在销售客票时，应将购票人提供的旅客联系方式等必要个人信息准确录入旅客订座系统。

航空公司或其代理机构出票后，应以电子文档或纸质文件等书面方式告知旅客所乘航班的主要服务信息，以及下列涉及行程的重要内容。

（1）旅客的姓名。

（2）票号或合同号，以及客票有效期。

（3）出行提示信息，包括航班始发地停止办理乘机登记手续的时间要求、禁止或限制携带的物品等。

（4）免费获取所适用运输总条件的方式。

航空公司及其代理机构、航空销售网络平台经营者、航空信息企业应保存客票销售相关信息，并确保信息的完整性、保密性、可用性。上述信息的保存时间自交易完成之日起不少于3年。法律、行政法规另有规定的，依照其规定。

客票的有效期

除客票上或适用的客票使用条件另有规定外，客票有效期的相关规定如下。

（1）当客票已部分使用时，客票的有效期自旅客首次旅行次日零时（含）起开始计算，365天内有效。无论后续该客票是否变更，有效期不变。

（2）当客票全部未使用时，客票的有效期自旅客购票次日零时（含）起开始计算，365天内有效。若旅客申请变更客票，且产生新的客票号，客票的有效期将从新客票出票次日零时（含）起开始计算，365天内有效。

民航地面服务与管理

尽忠职守

用真情服务旅客，用行动落实工作——记海南航空武汉机场售票处

当旅客在海南航空售票处购票或咨询航班信息时，经常能看到这样一群专业、敬业、乐业的人。他们热情高效、体贴周到、业务扎实、微笑待客。当问他们为何如此挚爱这份职业？他们总是说因为穿上制服，就代表了民航人，要做到真情服务；穿上制服，就要守护好这方售票柜台，全心全意为群众办实事……这就是海南航空一线窗口的售票人员。他们积极落实民航局"我为群众办实事"的工作要求，践行"店小二"服务精神，为旅客提供高效、贴心、优质的五星服务体验，成为海南航空服务窗口的一道靓丽风景线。

在海南航空武汉机场售票处，也有这么一群可爱的售票员。不论是酷暑还是寒冬，她们兢兢业业坚守岗位，为出行旅客送去最温暖的问候和陪伴。

2021年10月的一天，20余名行色匆匆、面容憔悴的旅客来到海南航空武汉机场售票柜台并告知售票员，由于其他航空公司飞机机械故障取消航班，他们的行程严重受到影响，迫切希望海南航空柜台能协助他们立即成行。听着旅客焦急的描述，正在值班的张青凭着多年的服务经验意识到：让这么多旅客到柜台来求助的事情肯定不简单，必须想办法尽快解决。

张青马上与地面保障部门及原出票航空公司联系了解详情，同时请同事前来帮忙。在主管李娜的带领下，张青与当日值班同事一边耐心安抚情绪激动的旅客，一边详细分析现场特殊情况，快速制订解决方案。经过多方通力协作和努力，在原出票航空公司的配合下，海南航空成功保障了这20余名旅客顺利出行，快速化解了旅客的燃眉之急，得到了旅客和原出票航空公司的一致肯定和高度赞扬。

资料来源：中国民用航空网，http://www.ccaonline.cn/baozhang/680774.html

任务实施

票价的查询与计算

学生在课后登录航空公司官网，查询1个国内航班。根据所选航班信息，说出其头等舱、公务舱和经济舱的票价分别是多少，并计算出儿童票价。

任务评价

请根据表2-4对上述任务实施的结果进行评价。

表 2-4　任务实施评价表

考核内容	分值	自评分	小组评分	教师评分	实得分
成功登录网站并查询航班信息	20				
正确说出头等舱、公务舱和经济舱的票价	30				
正确计算儿童票价	30				
站姿规范，保持甜美微笑，吐字清晰，声音洪亮	20				
总分	100				

自我检测

1. 中国国际航空公司、中国南方航空公司、中国东方航空公司和海南航空公司的英文名称分别是什么？

2. 常见的电子客票状态有哪些，分别代表什么意思？

3. 写出以下电子客票的票面信息。

```
ISSUED BY: AIR CHINA        ORG/DST: PEK/CAN        ARL-D
E/R: 不得签转退票收费
TOUR CODE:                              RECEIPT PRINTED
PASSENGER: 李政
EXCH:            CONJ TKT:
O FM: 1PEK CA1309  L    20SEP    1800    OK  L70 20KG   OPEN FOR USE
        T3-RL: BH1EN     /YUKX5 1H
    TO: CAN
    FARE        FOP
    TAX:        CNY 50.00CN        OI:
    TAX:        CNY150.00YQ
    TOTAL:                  TKTN: 999-2111234567
```

出票航空公司是_____，始发地是_____，目的地是_____。
航班号是_____，出发日期是_____，起飞时间是_____。
免费行李额为_____，签注栏内容是_____。
订座状态为_____，电子客票状态为_____。
该客票包含_____个航段。

民航地面服务与管理

任务二 掌握信息查询与订座指令

任务情景

张女士需要订一张 10 月 12 日从北京飞往广州的经济舱机票，起飞时间在 9 点以后，另外需要订一份纯素餐，联系电话为 13712345678。请根据以上信息为张女士建立订座记录。

知识讲解

一、航班信息查询

（一）查询航班座位可利用情况

AV 指令用于查询航班座位的可利用情况，以及航班的相关信息，如航班号、舱位、起飞到达时间、经停点等。

指令格式：

> AV：选择项/起始地与目的地/日期/起飞时间/航空公司代码/经停标识/座位等级

说明：

（1）选择项包括 P、A、E 等参数。其中，P 表示查询结果按照起飞时间的先后顺序显示；A 表示查询结果按照到达时间的先后顺序显示；E 表示查询结果按照飞行时间由短到长显示。若 3 个选项均不填，则默认参数为 P。

（2）起始地与目的地为必填项，其余为可填项。

应用举例：

查询 9 月 29 日北京至上海的航班座位可利用情况。

> AV：BJSSHA/29SEP

（二）国内票价查询

FD 指令用于查询国内航空公司国内段票价。

指令格式：

> FD：起始地与目的地/日期/航空公司代码

说明：

"起始地与目的地"为必填项；"日期"可分别使用"−"".""+"表示昨天、今天、明天；若省略"航空公司代码"，则表示查询所有航空公司的票价。

应用举例：

查询东方航空公司从上海到海口的当前票价。

＞FD：SHAHAK/./MU

（三）查询航班经停点

FF 指令用于查询航班的经停城市、起降时间和机型等。

指令格式：

＞FF：航班号/日期

应用举例：

查询 10 月 9 日 CA929 次航班的经停城市。

＞FF：CA929/09OCT

二、生成旅客订座记录

（一）建立旅客订座记录

旅客订座记录（PNR，passenger name record）是一组包含了旅客姓名、航程、联系方式等相关信息的记录，反映了旅客的航程、航班座位占用数量和旅客信息。

1. 姓名组

姓名组包含旅客姓名、称谓、特殊旅客代码及其所订座位数等内容。

指令格式：

＞NM：座位数 旅客姓名（特殊旅客代码）

应用举例：

为旅客张明订取 1 个座位。

＞NM：1 张明

2. 航段组

航段组的建立，标志着航班座位的实际售出。一般情况下，航段组分为可采取行动的航段组、提供到达情况或到达情况不明的航段组，以及不定期航段组。

当订票人员知道所订航班的所有信息，如航班号、舱位、日期、可利用座位的情况等，就可以使用 SS 指令直接建立航段组。

指令格式：

＞SS：航班号/舱位/日期/起始地与目的地

应用举例：

订取 11 月 18 日广州到三亚的 CZ6736 次航班的 1 个经济舱座位。

＞SS：CZ6736/Y/18NOV/CANSYX

3. 联系组

联系组的功能是记录旅客的联系方式，方便与旅客取得联系。联系组的信息需要订票人员手动输入。

指令格式：

> CT：城市/联系电话

应用举例：

输入旅客的联系方式 010-87654321。

> CT: PEK/010-87654321

4. 出票组

对于已订妥的座位，旅客应在航空公司要求的时限内完成付款，航空公司应对旅客所订座位在规定的时限内予以保留。一般情况下，航空公司都是采用随订随付的方式处理旅客订座。若旅客未在要求时限内付款，航空公司将不再保留座位，以便再次销售航班座位，从而提高座位的利用率。

出票组注明了旅客的出票情况，已出票的将给出票号，未出票的则显示具体的出票时限。

指令格式：

> TK：类型/时间/日期/出票部门

说明：

（1）"类型"包括 T 和 TL 两种，T 为已出票，TL 为出票时间限定。

（2）"时间"为指定计划出票时间。

（3）"日期"为指定计划出票日期。

（4）"出票部门"为指定计划出票部门。

5. 特殊服务组

特殊服务信息包括特殊旅客、特殊餐食、无成人陪伴儿童、常旅客等信息。

指令格式：

> SSR：特殊服务代码 航空公司代码 NN 需要该项服务的人数/Pn/Sn

常用的特殊旅客服务代码如表 2-5 所示。

表 2-5　常用特殊服务代码表（特殊旅客）

特殊旅客	服务代码
轮椅旅客	WCHC（机上轮椅旅客）
	WCHS（客梯轮椅旅客）
	WCHR（地面轮椅旅客）
盲人旅客	BLND

表 2-5（续）

特殊旅客	服务代码
婴儿摇篮	BSCT
额外座位的旅客	EXST
担架旅客	STCR
客舱占座行李	CBBG
儿童	CHLD
无成人陪伴儿童	UMNR
聋哑旅客	DEAF
身体患病旅客	MEDA

常用的特殊餐食服务代码如表 2-6 所示。

表 2-6　常用特殊服务代码表（特殊餐食）

特殊餐食	代码
亚洲素食	AVML
糖尿病餐	DBML
纯素餐	VGML
印度餐	HNML
婴儿餐	BBML
儿童餐	CHML
低脂餐	LFML

 知识角

订座信息中的旅客姓名须与其身份证姓名一致

孙先生在日常生活中将自己的姓名写为孙某中，而他的身份证上显示的姓名为孙某忠。单位经办机票订购的人员事先不知情，在订票时将其姓名写为孙某中。当孙先生到机场乘机时，工作人员以其登机牌和身份证上的姓名存在差异为由阻止其登机。此举给孙先生的出行带来了极大的不便。

因此，订票人员一定要与旅客核实清楚其姓名。若旅客姓名中有生僻字，无法正确录入计算机，则订票人员可以联系航空公司或其代理机构，确定具体的填写规则和要求。

> 两名同学一组，分别扮演有特殊需求的旅客和订票人员。请"订票人员"妥善处理"旅客"的需求。

（二）旅客订座记录的生效

旅客订座记录虽然显示在屏幕上，但并未正式生效，只有用指令封口后，旅客订座记录才正式生效。

指令格式：

>@ 参数　　　或　　　>\ 参数

说明：

该指令在使用时一般不用添加参数，但在特殊情况下，需要添加参数 K 或 I。参数 K 用于订单中有航班变化提示时生成订座记录；参数 I 用于订单中有不连续的行程时生成订座记录。

生成旅客订座记录

实施步骤：

（1）利用 NM 指令为张女士建立姓名组信息。
（2）应张女士的相关要求为其建立航段组信息。
（3）利用 CT 指令为张女士建立联系组信息。
（4）为张女士办理特殊餐食申请。
（5）封口旅客订座记录。

请根据表 2-7 对上述任务实施的结果进行评价。

表 2-7　任务实施评价表

考核内容	分值	自评分	小组评分	教师评分	实得分
姓名组信息正确	20				
航段组信息正确	30				

表 2-7（续）

考核内容	分值	自评分	小组评分	教师评分	实得分
联系组信息正确	10				
出票组信息正确	30				
特殊服务组信息正确	10				
总分	100				

自我检测

1. 查询航班座位可利用情况和国内票价的指令分别是什么，其指令格式是什么？
2. 婴儿餐、儿童餐、纯素餐分别用什么代码表示？
3. 旅客的订座记录包括哪些信息？

任务三 掌握客票变更的方法

任务情景

杨女士订购了一张 7 月 27 日从北京飞往长沙的机票，起飞时间为下午 1 点 30 分，但当杨女士到机场换取登机牌时，却被通知航班由于天气原因取消。杨女士来到柜台咨询，请为杨女士提供帮助和建议。

知识讲解

一、客票变更的含义

客票变更是指旅客购买客票后，要求改变航班、日期和舱位等级等。客票变更分为自愿变更和非自愿变更。自愿变更是指由旅客自身原因引起的客票变更。非自愿变更是指由航空公司的原因引发的客票变更。

二、客票变更的一般规定

客票变更的一般规定有以下几点。
（1）要求变更的客票必须在有效期内。

(2) 要求变更的客票不得违反票价限制条件。

(3) 要求变更航程或乘机人的客票，均应按退票处理，旅客须重新购票。

(4) 要求变更承运人的客票，应按客票签转相关规定处理。

(5) 客票变更后，客票的有效期仍按原客票的出票日期或开始旅行的日期计算。

(6) 旅客要求变更航班、乘机日期或航程，必须在航班原定离站时间前提出。航空公司可按相关规定予以办理。

三、客票变更的处理

（一）自愿变更的处理

1. 变更舱位等级

航空公司及其代理机构应在航班有可利用座位的条件下予以积极办理，票款的差额多退少补。若旅客要求提升舱位等级，则应补收差价，换开客票。若旅客要求降低舱位等级，则应先按退票处理，收取退票费，再重新开票。

2. 变更航班和乘机日期

旅客若在航班规定的离站时间前提出此要求，航空公司及其代理机构应根据相关规定积极办理。

3. 变更承运人

使用头等舱、公务舱、超级经济舱和经济舱普通票价，政府采购票价，以及儿童、婴儿、革命伤残军人和因公致残人民警察 5 折优惠票价的客票，允许自愿变更承运人。使用除上述票价以外的客票，不允许自愿变更承运人。若旅客申请自愿变更承运人，可按自愿退票办理。

若承运人变更后的适用票价高于原票价，则旅客需要补齐票价差额后进行变更，同时收取变更手续费；若承运人变更后的适用票价低于原票价，则可按旅客自愿退票办理。此时，差额不退，同时收取变更手续费。

（二）非自愿变更的处理

1. 变更舱位等级

航空公司应尽快安排后续航班，费用的差额多退少补。

2. 变更航班和乘机日期

航空公司应尽快安排后续航班，并在征得旅客及相关航空公司的同意后，办理客票签转手续。

四、退票

退票是指旅客在购票后，由于自身或航空公司的原因，无法在客票有效期内完成部分或全部航程，要求退还部分或全部未使用的航段票款。

（一）退票的一般规定

退票的一般规定有以下几点。

（1）旅客应在客票有效期内提出退票，过期不予办理。

（2）票款只能退给客票上列明的旅客本人或客票的付款人。

（3）当客票上列明的旅客不是该客票的付款人，并且客票上已列明了退票限制条件，应按列明的退票限制条件将票款退给付款人或其指定人。

特价机票退改签实施阶梯费率

（4）旅客退票应出示本人有效身份证件；若退票收款人不是客票上列明的旅客本人，应出示旅客及退票收款人的有效身份证件。

（5）由于航空公司未能按照运输合同提供运输，对旅客未能使用的全部或部分客票，航空公司应办理非自愿退票。

（6）若旅客因其健康状况不适宜乘机而要求办理退票，可按非自愿退票的规定办理。旅客在办理退票时，需提供区级以上医疗单位出具的医生诊断证明。患病旅客的陪同人员要求退票，应与患病旅客按同等规则办理。

（7）退票费计算到元为止，元以下四舍五入进整。

（8）持婴儿客票的旅客要求退票，免收退票费。

（9）革命伤残军人和因公致残的人民警察退票，免收退票费。

（二）退票的时限

旅客要求退票，应在其客票有效期内向航空公司提出，否则航空公司有权拒绝办理。

（三）非自愿退票的处理

非自愿退票的原因包括航空公司取消航班以及航班衔接错失。航空公司取消航班是指航空公司未按航班时刻表飞行，或航班未在客票显示的目的地降停。航班衔接错失是指航空公司要求旅客中途下机或拒绝旅客乘机（旅客证件不符合规定，以及违反相关的国家政策或航空公司的要求、规定者除外）。

非自愿退票均不收取退票费。客票全部未使用，应退还全部原付票款；客票部分使用，则退还未使用航段票款。若航班在非规定的航站降落，旅客要求退票，原则上退还由降落站至旅客到达站票款，但不得超过原付票款金额。

（四）自愿退票的处理

若旅客自愿退票，代理机构应按照航空公司的规定收取退票费。各航空公司根据客票舱位与折扣的不同，收取的退票费也有所不同。表 2-8 所示为某航空公司自愿退票手续费收费标准。

表 2-8　某航空公司自愿退票手续费收费标准

服务等级	舱位代码	航班起飞前 30 天（720 小时）（含）之前	航班起飞前 30 天（不含）至 14 天（336 小时）（含）	航班起飞前 14 天（336 小时）（不含）至 4 小时（含）	航班起飞前 4 小时（不含）至航班起飞后
头等舱	F	免费	5%	5%	10%
	A	5%	5%	10%	20%
公务舱	J	免费	5%	5%	10%
	C/D/Z/R	5%	5%	10%	20%
超级经济舱	G	免费	5%	10%	20%
	E	10%	15%	20%	30%
经济舱	Y	免费	5%	10%	20%
	B/M/U	10%	15%	20%	30%
	H/Q/V	10%	25%	30%	40%
	W/S	20%	45%	50%	100%
	T/L/P/N/K	30%	60%	90%	100%

例如，旅客刘红于 8 月 2 日在北京购买了某航空公司的联程客票，详情如表 2-9 所示。

表 2-9　联程客票详细信息

航段	承运人	航班号	等级	日期	时间	订座情况	票价级别/客票类别
北京—西安	××	××1203	Y	20SEP	0735	OK	Y
西安—上海	××	××1215	Y	21SEP	0820	OK	Y

旅客刘红购买的全程票价为 1 850.00 元，其中，北京至西安航段的票价为 840.00 元，西安至上海航段的票价为 1 010.00 元。旅客于 9 月 19 日 16 点自愿要求退票，应按下列程序办理。

第一步，分段计算退票费。

北京至西安航段的退票费=CNY840.00×10%=CNY84.00。

西安至上海航段的退票费=CNY1 010.00×10%=CNY101.00。

退票费总计=CNY84.00+CNY101.00=CNY185.00。

第二步，填制收费单，如图2-3所示。

××航空公司退票、误机、变更收费单

编号：

航空承运变更情况		应收应退款	
原承运航空公司	××航空公司	退票使用栏 客票价款	1 850.00元
原客票号	0002223456783	应收退票费	185.00元
原承运日期	20SEP/21SEP	实际退款	CNY 1 665.00元
原航班号	××1203/××1215	应收误机费	一元
变更后承运航空公司		应收变更费	一元
变更后承运日期		加盖公章 	制单地点：PEK
变更后航班号			制单单位：CAXIDAN
备注：付款方式 CASH，自愿退票。			PEK001

制单日期：××××.9.19　　　　旅客姓名：刘红　　　　经办人：李方

注：退票费应全部归原客票所属航空公司。

图2-3　收费单

五、FIM 单

FIM（flight interruption manifest）单即飞行中断舱单，是指航班在到达经停站后，由于航班取消、航班延误、航班超售及航班衔接错失等取消后续航段飞行，致使航程中断。

航程中断后，若需使用其他航班运输旅客，应分别按不同的接运航班，根据原客票（包括任何客票，如免票），填制《飞行中断舱单》作为运输的凭证。《飞行中断舱单》一式三份，原始舱单随接运航班乘机联给接运的航空公司，一份给航空公司收入结算部门，一份由填制中断舱单的机场留存。

"登机口改签航班"服务

中国东方航空股份有限公司（以下简称"东航"）与上海虹桥机场公司合作，依托东航个性化离港系统，推出了"登机口改签航班"服务。该项服务通过系统与航班动态地实时对接，可在登机口直接帮助旅客改签至其他航班，避免旅客在登机口和票务柜台间来回奔波。

以往,有些通过安检进入候机区域的旅客,会因为对机场环境不熟悉导致误机;还有些旅客到达登机口的时间比较早,想提前成行。这些旅客若要改签航班,都必须从候机区返回至值机区办理改签手续,再次接受安检后才能进入候机区域。"登机口改签航班"服务的推出,简化了原先烦琐的程序,使得旅客在候机区内办理完航班改签手续后,可从原航班登机口直接赶至新改签航班的登机口。这项服务简化了服务流程,为旅客改签航班提供了便利。

课堂互动

5名同学一组,分头收集各个航空公司对于非自愿变更客票的处理方式,然后进行交流讨论。

任务实施

为旅客办理客票变更或退票

实施步骤:

(1)为航班取消向杨女士表达歉意。

(2)了解杨女士的诉求,是要变更航班,还是要退票。

(3)若杨女士要求变更航班,应尽快安排后续航班,在征得杨女士及航空公司的同意后,办理签转手续。

(4)若杨女士要求退票,在客票全部未使用的情况下,应退还全部原付票款,且不得收取退票费。

任务评价

请根据表2-10对上述任务实施的结果进行评价。

表2-10 任务实施评价表

考核内容	分值	自评分	小组评分	教师评分	实得分
站姿规范,保持甜美微笑	10				
与旅客沟通时有目光接触,适时点头回应	10				
表达清晰有条理,声音洪亮	20				

表2-10（续）

考核内容	分值	自评分	小组评分	教师评分	实得分
有同理心	10				
为旅客提供适当的解决方案	50				
总分	100				

自我检测

说说客票变更的含义及分类。

民航之窗

脚踏实地，默默奉献——地服新青年，用热爱铺就前行之路

李超是乌鲁木齐航空地面服务部运行保障中心副经理。自2016年8月入职以来，他恪尽职守、任劳任怨，面对困难勇挑重担，对同事真诚相待、倾囊相助。

作为地面服务部运行保障中心副经理，李超始终将精力放在工作上，一步一个脚印地做好每一件事。

一个寒冬之夜，李超忙完一天的工作，回到家中正要休息时，接到地面服务部发来的一条通报航班延误信息的短信。知晓"航班延误，旅客滞留"的情况后，李超坐不住了，立刻回到一线，和当班的同事并肩作战，一直忙碌到深夜。

在生活中，李超为人仗义、乐于助人，每当客服席有新人加入，他总是亲自指导新人学习业务知识，主动引导新人熟悉同伴，以帮助他们更快、更好地融入客服席大家庭之中。李超关心每一名同事，能设身处地为同事考虑，帮助同事解决各种困难。

每个人都有自己的爱好与梦想，有人喜欢漫步云端、直面旅客的空乘生活，有人喜爱脚踏实地、默默保障的地面工作，李超无疑是后者。在地面服务部运行保障中心的小世界里，他时刻牢记初心、不忘使命，用实际行动诠释着民航人的责任与担当。

资料来源：中国民用航空网，http://www.ccaonline.cn/tuijian-hangqitongxun/667116.html

项目学习效果综合测试

一、选择题

1. 代表已订座的状态是（   ）。
   A．SA   B．RQ   C．OK   D．NS
2. 儿童票的年龄范围是（   ）。
   A．6～12 岁   B．0～2 岁
   C．2～12 岁   D．2～6 岁
3. 某些航空公司准予承运的婴儿旅客的年龄范围是（   ）。
   A．10 天～2 岁   B．1 岁～2 岁
   C．14 天～1 岁   D．14 天～2 岁
4. 查询 7 月 12 日北京到上海虹桥机场票价的指令是（   ）。
   A．AV   B．CD   C．FD   D．CNTD
5. 查询当日航班可利用情况的指令是（   ）。
   A．FD   B．AV   C．CD   D．CNTD

二、填空题

1. 请将下列客票的状态说明补充完整，如表 2-11 所示。

表 2-11　电子客票状态及其说明

编号	状态	说明
1	OPEN FOR USE	
2	VOID	
3	REFUNDED	
4	CHECKED-IN	
5	USED/FLOWN	
6	SUSPENDED	
7	LIFT/BOARDED	
8	FIM EXCH	

2. 请写出下列航空公司对应的中/英文名称，如表 2-12 所示。

表 2-12　航空公司的中英文名称

中国国际航空公司	
	CHINA EASTERN AIRLINES
	CHINA SOUTHERN AIRLINES
海南航空公司	

3．儿童按照成人全票价的_____定价，提供座位。婴儿按成人全票价的_____定价，不提供座位。

4．中国大陆 16 岁以下未成年人可凭有效乘机身份证件、_____、_____、学生证或户口所在地公安机关出具的身份证明购票与乘机。

5．查询航班经停点的指令为_____。

6．写出以下代码对应的特殊餐食或特殊服务。

BLND　_____　　CBBG　_____

BSCT　_____　　AVML　_____

EXST　_____　　WCHR　_____

STCR　_____　　WCHS　_____

三、简答题

1．电子客票与纸质客票相比有哪些优势？

2．哪些证件可以作为购票的有效证件？

3．客票变更的一般规定有哪些？

4．如何为旅客办理自愿退票？

四、上机操作题

李先生需要订一张 3 月 12 日从北京飞往深圳的经济舱机票，起飞时间在 9 点以后，另外需要订一份纯素餐，联系电话为 187××××1554。请根据以上信息需求为旅客建立订座记录。

项目三

机场值机服务与管理

项目导读

值机工作的主要内容是为旅客办理乘机手续，包括查验客票、客舱座位安排、收运行李，以及为特殊旅客提供保障等。此外，当出现非正常值机、行李异常等情况，工作人员也应妥善地予以处理。

学习目标

知识目标

- 掌握办理乘机手续的流程。
- 掌握行李托运及行李异常的处理方法。
- 掌握非正常值机的处理程序。
- 掌握要客及其他特殊旅客值机服务与管理。

技能目标

- 能够独立完成值机工作和行李的收运工作。
- 能够妥善处置误机、漏乘和错乘等非正常值机情况。
- 能够根据特殊旅客的特点为其提供相应的服务。
- 能够熟练处理各种行李异常情况。
- 能够熟练为旅客提供登机服务与中转服务。

素养目标

- 培养爱岗敬业、尊老爱幼的品质，增强服务意识。
- 提升忠诚担当的职业品格，树立团结协作的工作作风，培养灵活应变的能力。

项目三 机场值机服务与管理

任务一 掌握值机服务的相关知识

任务情景

家住北京的李先生购买了 2025 年 2 月 14 日 7 点 40 分从北京大兴国际机场到成都天府机场 T2 的 JD5559 次航班的机票，去成都探亲并旅游。由于这次是他第一次乘坐飞机，且行李较多，很担心能否顺利地办理乘机手续。

知识讲解

所谓值机，就是为旅客办理各种乘机手续。在值机柜台能够为旅客办理的乘机手续包括查验客票、打印登机牌、交运与托运行李，以及对旅客运输不正常的情况进行及时处理。

一、值机服务的基础知识

（一）办理乘机手续的时间规定

一般情况下，航空公司会根据机型来规定办理乘机手续的时间。

（1）对于 200 个座位以上（含 200 个）的客机，在飞机起飞前 120 分钟开始办理乘机手续，在飞机起飞前 30 分钟停止办理乘机手续。

（2）对于 90~200 个座位的客机，在飞机起飞前 90 分钟开始办理乘机手续，在飞机起飞前 20 分钟停止办理乘机手续。

（3）对于 90 个座位以下的客机，在飞机起飞前 60 分钟开始办理乘机手续，在飞机起飞前 20 分钟停止办理乘机手续。

在实际工作中，根据机场、航站楼和航班的不同，具体的时间规定略有差异。

（二）旅客乘机的有效证件

旅客在乘坐飞机时，应出示有效的乘机身份证件。

有效的乘机身份证件包括中国大陆地区居民的居民身份证、临时居民身份证、护照、军官证、文职干部证、义务兵证、士官证、文职人员证、武警警官证、武警士兵证、海员证，中国香港、澳门地区居民的港澳居民来往内地通行证，中国台湾地区居民的台湾居民来往大陆通行证，外籍旅客的护照、外交部签发的驻华外交人员证、外国人永久居留身份证，以及民航局规定的其他有效的乘机身份证件。16 周岁以下中国大陆地区居民的有效乘机身份证件还包括出生医学证明、户口簿、学生证或户口所在地公安机关出具的身份证明。

（三）值机的种类

1. 柜台值机

柜台值机是国内机场主流的值机形式。旅客可持有效的乘机身份证件，到机场航站楼的值机柜台（见图3-1）办理乘机手续。

图3-1 值机柜台

尽忠职守

体贴入微——完全不延迟的服务

2017年8月的一天下午，准备乘坐CA1951次航班前往北京的方女士来到温州机场尊易航站楼值机柜台办理乘机手续。当班值机员王哲发现无法提取方女士的出行信息。王哲在仔细询问方女士购票流程，并根据其提供的一组票号查询后发现，方女士的客票并未在售票处成功出票，因而无法正常办理乘机手续。经过王哲多方联系，几番周折后，方女士的机票终于出票成功。

在替方女士办完值机手续后，王哲又发现此时CA1951的前序航班尚未起飞，而另一架飞往北京的CA1957次航班仍有空余座位。凭借多年来的工作经验，王哲判断CA1951次航班可能出现延误，但航空公司表示虽然存在延误的可能，但目前尚未接到确认延误的通知。于是王哲第一时间将方女士的情况与同事对接，要求予以关注。

下午3时55分，CA1951次航班延误，王哲又立即致电方女士，告诉她可以签转CA1957次航班。当方女士再次来到值机柜台时，王哲已经帮她办理完改签手续。看着满头大汗的王哲，方女士不停地道谢。

航班时有延误，但正如方女士所说的那样"机场人的真情服务绝不延误"！

资料来源：温州龙湾国际机场公众号，https://mp.weixin.qq.com/s/NgkhlLo4lT7Q8bjVW0JQkg

2．机场自助值机

借助机场的自助值机设备（见图3-2），旅客可实现自助值机。旅客通过输入有效证件信息，可在自助值机设备上自行选择座位；自助值机设备会给旅客打印出登机牌。若有需要托运的行李，旅客要到专设柜台完成行李交运。

图3-2　机场自助值机设备

3．网上自助值机

旅客可登录航空公司网站，进入自助值机页面，完成身份验证和预选座位的操作（见图3-3），并打印A4纸登机牌。旅客需要在飞机起飞前1～12小时登录网站办理乘机手续。若有托运行李，旅客应于登机前在专设柜台完成行李交运，然后以自行打印的A4纸登机牌通过安检并登机。

图3-3　网上自助值机（以中国国际航空公司为例）

> **新闻台**
>
> ### 武汉机场实行"无纸化"登机流程，刷手机可登机
>
> 武汉机场的国内出港航班全面推出手机二维码快捷安检服务，省略了旅客到值机柜台或在自助值机设备办理登机牌这一环节。旅客只需出具手机二维码和身份证，即可到安检过检，在登机口刷手机二维码即可登机。
>
> 电子登机牌是传统登机牌的无纸化表现形式，它将登机牌的内容以电子方式进行存储，其内容包括旅客的姓名、航班号、登机口和座位号等。电子登机牌一般有两种表现形式：一种是二维码图片，通过微信、手机 App 等将信息存储在旅客的手机中；一种是身份证，旅客使用身份证购票并值机后，工作人员通过查验身份证便可读取旅客的客票信息。
>
> 启用"无纸化"乘机流程后，没有托运行李的旅客就不再需要排队打印纸质登机牌，既便捷又环保。
>
> 资料来源：中国民航网，http://fuwu.caacnews.com.cn/1/5/201806/t20180627_1250387.html

二、值机服务流程及要点

值机服务的流程如下：值机准备→客票查验→客舱座位安排→收运托运行李→航班结算报载。

（一）值机准备

值机人员应提前 5 分钟上岗，清理台面，检查电脑、磅秤、打印设备及行李转盘等是否运转正常，确认空白登机牌是否准备充足，并核对航班信息。

（二）客票查验

客票查验主要是对旅客的客票和乘机证件的合法性、真实性和有效性进行查验。值机人员应注意核对客票上标注的起飞时间、旅客姓名、航段、座位等级、票价、订座状态、是否可签转、是否携带婴儿等信息；旅客的乘机证件也应与购票时使用的一致。

（三）客舱座位安排

在客票查验无误后，值机人员应为旅客安排客舱座位并打印登机牌。客舱座位的安排一般遵循以下原则。

值机经理贴心为旅客排忧解难

（1）在航班不满的情况下，要兼顾机舱各区域对飞机平衡的影响，尽量安排旅客平均分布。

（2）团体旅客、同行旅客、家庭旅客应尽量安排在相邻的座位上。

（3）重要旅客的座位尽量靠前排，或在允许的范围内，尽量满足其要求；若在经停站有重要旅客，应提前通知始发站留出合适的座位，并告知机上的乘务人员。

（4）对于病残旅客、孕妇、无成人陪伴儿童、盲人等需要特殊照顾的旅客，应将其安排在靠近乘务员、方便出入的座位上，不应安排在紧急出口旁边的座位上。

（5）在航班不满的情况下，应将携带不占座婴儿的旅客安排在相邻座位无人占座的座位上；若旅客在订座时已预订了机上摇篮，应把旅客安排在可安装机上摇篮的座位上。

（6）在安排需要拆除机上座椅的担架旅客时，必须本着避免影响其他旅客的原则，一般应将其安排在客舱尾部，避免引起其他进出客舱的旅客的注意。所拆的座椅位置不能在紧急出口旁边。

（7）犯人旅客应安排在离一般旅客较远、不靠近紧急出口和不靠窗的座位，其押送人员必须安排在犯人旅客旁边的座位上。

（8）紧急出口旁边的座位要尽量安排身体健全、懂中英文字、遇到紧急情况愿意帮助别人的旅客。

（9）因超售而非自愿提供的高等级舱位的旅客，应与该等级的付费旅客分开；非自愿降低舱位等级的旅客应安排在降低等级后较舒适的座位上。

（四）收运托运行李

托运行李是指旅客交由航空公司负责照管和运输并填开行李票的行李。若旅客有托运行李，应在办理乘机手续时收运。值机人员在收运行李时应注意以下几个方面的问题。

（1）了解行李内有无夹带违禁品或危险品。

（2）提醒旅客易碎物品、贵重物品和锂电池禁止托运，建议其随身携带。

（3）检查行李的包装、体积、重量是否符合要求，超重部分按规定收取逾重行李费。

值机人员在收运行李的过程中，应检查行李的包装是否符合要求，确保行李包装完善、锁扣完好、捆扎牢固，能够在正常的操作条件下安全装卸和运输；然后将行李拴挂好行李条（见图3-4），送入安全检查。

（五）航班结算报载

在接收完一个航班的旅客后，值机人员应统计旅客数量，并与离港系统中的人数、行李件数、行李重量核对。正常航班一般在起飞前25分钟向结算部门报载。

图 3-4 拴挂行李条

三、值机柜台旅客接待流程

（1）打招呼。当旅客出现在线外 3 米远左右时，值机人员应主动根据时间及旅客的性别进行问好，如"早上好，女士！"。

（2）要证件。值机人员请旅客出示乘机证件。该证件应与购买客票时使用的证件一致，国内航线一般应出示身份证，国际航线一般应出示护照。

（3）向旅客询问其对座位的要求。

（4）打印登机牌。

（5）向旅客进行安全提示。例如，贵重物品及易碎物品提醒旅客随身携带；不允许携带打火机，锂电池只能随身携带，且不得超过 160 瓦时，随身携带的液体不能超过 100 毫升等。

（6）收运行李。

（7）唱交。将登机牌上的登机时间、登机口、座位号等和旅客交代清楚，并且用笔在登机牌上圈画出来。

在结伴而行的两名旅客中，有一名旅客还未到达机场，但此时已接近停止办理乘机手续的时间。若到达机场的旅客可以准确地说出未到旅客的姓名、身份证号等信息，值机人员可否为未到旅客办理乘机手续？

项目三 机场值机服务与管理

任务实施

情景模拟——为旅客办理乘机手续

实施步骤：

1. 学生分为两组，一组扮演旅客李先生，另一组扮演值机人员。
2. 根据"任务情景"中提供的相关信息，完成旅客值机手续的办理。
（1）主动向李先生问好，并请其出示有效乘机证件。
（2）向李先生询问其对座位的要求，并合理安排座位。
（3）打印登机牌。
（4）收运行李并对李先生进行安全提示，称重行李并拴挂行李条。
（5）将登机牌上的登机时间、登机口、座位号等和李先生交代清楚，并用笔在登机牌上圈画出来。

任务评价

请根据表 3-1 对上述任务实施的结果进行评价。

表 3-1　任务实施评价表

考核内容	分值	自评分	小组评分	教师评分	实得分
使用礼貌用语与旅客打招呼，并请旅客出示有效乘机证件	15				
主动询问旅客座位要求，能够合理地安排座位	25				
打印登机牌迅速、准确	10				
收运行李的同时对旅客进行安全提示，称重行李并拴挂行李条	40				
完整交还证件、登机牌，给予旅客详细说明，并在登机牌上做出相应标识	10				
总分	100				

自我检测

1. 旅客办理乘机手续有哪些时间规定？
2. 国内航班旅客经常使用的有效证件有哪些？

民航地面服务与管理

3．办理乘机手续时，工作人员需要对旅客进行哪些安全提示？
4．值机方式有哪几种？

任务二　熟悉行李托运服务的相关知识

任 务 情 景

张一航先生购买了 6 月 8 日 15 点 35 分从北京首都机场 T3 到新加坡樟宜国际机场 T1 的 CA969 次航班的经济舱机票，去新加坡探望定居在那里的表姐。张先生在乘机当天早早地来到了值机柜台办理乘机手续。他需要托运的行李有 27.3 千克，另外还携带了 2 瓶茅台酒。

知 识 讲 解

一、行李运输的基础知识

（一）行李的分类

行李是指旅客在旅行中为了满足穿着、使用、旅途舒适或方便的需要而携带的物品和其他个人财物。根据运输责任的不同，行李可分为托运行李、自理行李和随身携带行李。

1．托运行李

托运行李每件不能超过 50 千克，体积不能超过 40 厘米×60 厘米×100 厘米。超过此规格的行李被称为"大件行李"，需要到大件行李柜台办理行李托运。

2．自理行李

自理行李是经航空公司同意，由旅客带入客舱自行照管的行李。自理行李限重为 10 千克，体积规格为 20 厘米×40 厘米×55 厘米。若行李超出此规格，则需要办理托运，不能带入客舱。贵重物品、易碎物品、外交信袋等特殊物品可以作为自理行李，由旅客带入客舱内。

3．随身携带行李

随身携带行李又称"手提行李"，有别于自理行李，是指经航空公司同意由旅客自行携带乘机的小件行李。每位旅客免费随身携带的行李以 5 千克为限。其中，持头等舱客票的旅客每人可以随身携带 2 件行李，持公务舱或经济舱客票的旅客每人可携带 1 件随身行李，每件行李的体积不超过 20 厘米×40 厘米×55 厘米。

（二）免费行李额及逾重行李费的计算

客票价格中含有一部分运输行李的费用，也就是说，旅客在乘坐飞机时可以免费携带一定重量的行李。每位旅客的免费行李额（含托运行李和自理行李）根据票价的不同有所差别：头等舱旅客为 40 千克，公务舱旅客为 30 千克，经济舱旅客为 20 千克，持婴儿票的旅客不享受免费行李额。

旅客可以根据自己购买客票的舱位等级，享受规定范围内的免费行李额。但是在实际运输中，常常会出现旅客的行李重量超出免费行李额的情况。超过免费额的部分被称为"逾重行李"，工作人员要根据相关规定收取逾重行李费并填开逾重行李票，如图 3-5 所示。

中国××航空公司 逾重行李票 EXCESS BAGGAGE TICKET							
旅客姓名： NAME FO PASSENGER				客票号码： TICKET NO.			
航段 SECTOR	承运人 CARRIER	航班号 FLIGHT NO.	重量 WEIGHT	费率/千克 RATE/kg	运费金额 CHARGE	声明价值附加费 DECLARED VALUE	合计收费 TOTAL
自 至 FROM TO							
日期 DATE	经手人 ISSUED BY		盖章 SIGNATURE				
						2. 旅客联 2. PASSENGER COUPON	

图 3-5　逾重行李票

逾重行李费的计算方法如下。

每千克行李的价格按照填开逾重行李票之日所适用的直达航班经济舱正价票的 1.5%来计算。不足 0.5 千克的按 0.5 千克计算；超过 0.5 千克又不到 1 千克的，按照 1 千克计算。计算出的价格四舍五入，精确到"元"。

例 1：王女士购买了北京到成都的 CA4118 次航班的经济舱客票，当日经济舱正价票是 1 800 元。她携带了 24.7 千克的托运行李，应缴纳多少逾重行李费？

解：逾重行李费率=1 800×1.5%=27 元/千克

逾重行李重量=24.7−20=4.7≈5 千克

逾重行李运费=27×5=135 元

例2：李先生购买了北京到纽约的 CA819 次航班的商务舱客票，当日商务舱的正价票是 52 800 元，经济舱的正价票是 26 300 元。他携带了两件重量分别为 24.6 千克和 23 千克的托运行李，应缴纳多少逾重行李费（已知持有北京到纽约航班商务舱客票的旅客，每人可免费携带 2 件托运行李，每件 23 千克）？

解：逾重行李费率=26 300×1.5%=394.5 元/千克

逾重行李重量=24.6−23=1.6≈2 千克

逾重行李运费=394.5×2=789 元

知识角

逾重行李费超过机票价，买特价票高兴不起来

随着航空旅行市场的发展，折扣票也越来越多，甚至一些旅客能"秒杀"到不足百元的机票。但一些旅客却因为托运的行李太多，而不得不额外支付比机票还贵的逾重行李费用。

免费行李额的计算分为计重制和计件制。一般来说，国内航线使用计重制，即每位旅客托运的行李总重量不得超过 20 千克；部分国际航线使用计件制，即旅客可购买多件行李额，但单件行李重量不得超过 23 千克。

无论是计件制还是计重制，超出的重量部分都需要支付逾重行李费。而不同的航线，其免费行李额的标准也不同，某些航线甚至对行李的大小也有要求。值得注意的是，有些机票是不包含免费行李额的，需要在买票时提前购买托运行李额。

资料来源：北方网，http://news.enorth.com.cn/system/2015/11/18/030637940.shtml

（三）免责行李

值机部门在收运行李时，遇到下列情况需要特别注意。

（1）行李外包装不符合要求的，如以竹篮、网兜、草绳和草袋等作为行李的外包装，或在包装上插附其他物品。

（2）行李中有易碎物品的。

（3）行李中有鲜活易腐物品的。

（4）行李本身有破损的。

（5）行李超过客舱允许的尺寸或重量的。

（6）晚（迟）交运行李的。

具有以上情况的行李，值机部门可以拒绝承运或要求旅客整改；若旅客坚持要求托运，应拴挂"免除责任行李牌"收运，并在行李牌上标明相应情况，以免除相应责任，同时向旅客声明并请旅客在该行李牌上的适当位置签名。但是，对于"免除责任行李牌"上未注明情况造成的损失，航空公司需要承担责任。一些航空公司将免除责任的条款印在了行李牌的背面，如图 3-6 所示。

图 3-6　免除责任行李牌

（四）声明价值行李

当旅客的托运行李每千克的实际价值超过航空公司规定的每千克最高赔偿限额时，旅客有权要求更高的赔偿金，但必须在托运行李时办理行李声明价值，并付清声明价值附加费。办理过声明价值的行李，若在运输过程中由于航空公司的原因造成损失，航空公司应按照旅客的声明价值赔偿。声明价值行李的一般规定如下。

（1）属于国内运输的托运行李，且每千克价值超过人民币 50 元，或属于国际运输的托运行李，且每千克价值超过 20 美元的，可办理行李的声明价值。航空公司应按照旅客声明价值中超过最高赔偿限额部分价值的 0.5%收取声明价值附加费。其计算公式如下：

声明价值附加费=[旅客的声明价值−（50×办理声明价值行李的重量）]×0.5%

（2）每位旅客的行李声明价值最高限额为 8 000 元，且托运行李的声明价值不能超过行李本身的实际价值。若航空公司对旅客的声明价值有异议，而旅客拒绝接受检查，航空公司有权拒绝收运。

（3）声明价值的行李计费重量单位为千克，不足 1 千克者应进整。但实际重量应保留至小数点后 1 位。

（4）办理声明价值的行李重量不计入免费行李额，应另行收费，即办理声明价值的行李应按照逾重行李收取逾重行李费。

（5）办理声明价值的行李必须与旅客同机运出。

例：李先生乘坐飞机由厦门飞往上海，该航班的经济舱客票票价为 640 元。现其需要申报一件声明价值行李，其价值为 5 400 元，重量为 3 千克。请计算需要收取的逾重行李费和声明价值附加费是多少？

解：逾重行李费=3×640×1.5%=28.8≈29 元

声明价值附加费=（5 400−50×3）×0.5%=26.25≈27 元

共计收费=29+27=56 元

二、行李的收运

托运行李一般在旅客办理乘机手续时收运。若旅客因行李过多或其他原因需要提前交运,可以提前预约时间和地点收运。旅客的托运行李和自理行李都要过磅,托运行李的件数和重量都要填入行李牌内作为承运凭证。

收运行李时,工作人员需要注意以下一些事项。

(1)了解行李的内容是否属于托运行李的范围,是否夹带违禁品、贵重易碎物品及其他不能作为托运行李运输的物品。对交运行李要进行安全检查,凡发现有不符合规定的物品,应及时处理。若旅客不同意检查,则拒绝收运。

托运行李的机器人

(2)检查行李外包装是否符合要求,若不符合,应请旅客加以改善,否则不予收运;若旅客因时间限制无法改善而又坚持交运的,则根据情况决定。若收运,必须经过旅客签字同意后,拴挂"免除责任行李牌"免除相应责任。

(3)收运行李时,要向旅客宣传办理声明价值的相关规定。

(4)行李过磅必须准确,以免影响飞机载重平衡。超过免费行李额的部分,按规定收取逾重行李费。

(5)交运行李和自理行李的件数和重量,应准确填入"出发旅客登记表"的相应位置,以便正确计算飞机载重。

(6)每件行李都必须拴挂行李牌,并将行李牌的领取联交给旅客。行李牌是旅客托运行李的凭证,其格式由各航空公司自行设计。收运行李时,必须将行李牌的领取联粘贴在登机牌上,一旦出现行李事故,行李牌是唯一有效凭证,如图3-7所示。

图3-7 行李牌及其领取联

知识角

外交信袋的运输规定

外交信袋应由外交信使随身携带，自行照管。航空公司也可以根据外交信使的要求，将外交信袋按托运行李处理，但航空公司只承担一般托运行李的责任。外交信使携带的外交信袋和行李，可以合并计重或计件，超过免费行李额的部分，按照逾重行李的规定办理。当外交信袋的运输需要占用座位时，必须在订座时提出，并经航空公司同意。外交信袋占用每个座位的重量限额不得超过75千克，每件体积和重量的限制与行李相同。占用座位的外交信袋没有免费行李额，运费按下列两种办法计算，取其高者。

（1）根据占用座位的外交信袋实际重量，按照逾重行李费率计算运费。

（2）根据占用座位的外交信袋占用的座位数，按照运输起讫地点之间与该外交信使所持客票票价级别相同的票价计算运费。

资料来源：闽南网，http://www.mnw.cn/tour/guide/1925944-2.html

任务实施

情景模拟——在值机过程中为旅客办理行李托运

实施步骤：

1. 根据本节"任务情景"中提供的相关信息，分析旅客张一航先生的行李是否合规，需要做哪些工作才能确保其顺利乘机。

2. 学生分为两组，一组扮演旅客张一航先生，另一组扮演值机人员。

3. 为张一航先生办理行李托运。

（1）向张一航先生介绍国内航班对于托运行李的规定。

（2）为张一航先生办理行李托运手续，计算并收取逾重行李费。

（3）对免责行李进行处理。

任务评价

请根据表3-2对上述任务实施的结果进行评价。

表 3-2　任务实施评价表

考核内容	分值	自评分	小组评分	教师评分	实得分
对问题分析完整、准确、语言规范	30				
介绍行李托运规定时，规定运用准确，计算无误，语言表达清晰	30				
为旅客提供收运行李服务时，方案可行，符合规定，流程连贯流畅，服务态度良好，语言规范清晰	40				
总分	100				

自我检测

1．什么是行李？行李可分为哪几类？
2．自理行李与随身携带行李有什么区别？
3．国内航班各舱位的免费行李额各是多少？
4．什么情况下需要使用免责行李牌？
5．王先生购买了从北京到海口的头等舱客票，票价是 4 500 元，该航班经济舱正票价为 2 880 元，他要托运的行李重量是 44.2 千克，应缴纳多少逾重行李费？请将计算结果填入逾重行李收费单（见图 3-8）。

旅客姓名：　　　　　　　　　　　　　　旅客客票号：

航段	承运人	航班号	重量	费率	运费金额	声明价值附加费	合计
自							
至							
日期		经手人		盖章			

图 3-8　逾重行李收费单

项目三 机场值机服务与管理

任务三 掌握非正常值机的处理方法

任务情景

某日13点20分,肖先生到首都机场T3航站楼的值机柜台办理乘机手续。工作人员核对后发现,肖先生所需搭乘的北京飞往银川的CA1219次航班已经于13点05分起飞了。经了解得知,肖先生收到短信称该航班延误到15点10分,但是由于天气原因,这趟延误的航班取消了,所有旅客改乘13点05分的航班飞往银川,而工作人员由于疏忽,漏发了肖先生的改乘信息。机场工作人员正积极帮助肖先生妥善处理此事。

知识讲解

造成非正常值机情况的主要原因是航班不正常,旅客误机、错乘、漏乘及航班超售等。

一、航班不正常

航班不正常是指由于航路、天气、空中交通管制或飞机机械故障等原因造成的一些航班不能按照公布的时间正常飞行的情况,包括航班延误、提前起飞、取消或改变航程等。基于安全第一的原则和航空运输的特殊性,航班不正常是不可能完全避免的。

由航空公司原因造成的航班不正常,航空公司有义务按规定向旅客提供餐食或住宿等服务,具体要求如下。

(1)航班延误或取消两小时内,航空公司应及时、迅速地将航班延误或取消等信息通知旅客,并做好解释工作;航空公司应根据旅客要求,按规定做好后续航班安排或退票工作。

(2)航班延误或取消2~4小时,除尽到以上义务外,航空公司应及时向旅客提供饮料,并在用餐时间及时提供餐食。

(3)航班延误或取消4小时以上,航空公司应安排旅客到宾馆休息和用餐。

由非航空公司原因造成的航班不正常,航空公司应协助旅客安排餐食和住宿,费用由旅客自理。

航班在经停地延误或取消,无论何种原因,航空公司都应负责提供餐食和住宿等服务。此外，航空公司各部门应相互配合，共同保障航班正常，避免不必要的航班延误。

> **尽忠职守**
>
> ### 航班延误惹人烦，真情服务暖人心
>
> 2020年12月下旬的一天，由广州起飞的HU7775次航班因机械故障延误，不能按时到达三明机场，进而导致由三明机场出发至郑州和广州的航班双双延误，航班的起飞时间延误至次日凌晨。
>
> 当日，在三明机场乘坐航班飞往郑州、广州的旅客中有老人、婴儿及孕妇。针对航班延误情况，三明机场地勤服务部立即启动航班延误处置预案，积极响应民航局"真情服务"要求，做到"航班延误，服务不延误"，全力做好航班延误后的旅客后续服务保障工作。地面服务人员在巡场过程中积极主动地为儿童和老人送上小毯子，悉心解答每位旅客的疑问，耐心安抚旅客的情绪，协助旅客办理改签、退票等业务，实时播报航班最新延误动态，并积极与航空公司沟通，及时为旅客安排延误餐饮。面对机场温暖人心的真情服务，现场旅客的情绪较为稳定，纷纷表示对航班延误能够理解。直至次日凌晨0时，所有的出港航班在三明机场员工的共同努力下终于顺利完成保障。
>
> 面对航班延误，三明机场的一线人员始终坚守岗位，用真情服务让旅客不闹心、不堵心。机场全体一线员工都知道，不是不累，而是肩上还有责任；不是不困，而是机场的形象必须要去维护。坚守在一线的工作人员用他们的实际行动诠释了新时代的"青年文明号精神"，他们将继续深入一线岗位，为旅客出行提供优质便利的服务。
>
> 资料来源：三明市人民政府国有资产监督管理委员会，
> http://smsgzw.sm.gov.cn/xxgk/gzdt/ssqy/202012/t20201223_1606836.htm

二、误机、漏乘与错乘

（一）误机旅客的服务与管理

误机是指旅客未在规定时间内办妥乘机手续，或因旅行证件不符合规定而未能乘机。旅客误机后，可到乘机机场或原购票地点办理改乘航班或退票手续。

误机旅客若要求改乘后续航班，最迟应在原航班离站后的次日中午12点（含）以前，到当地机场的航空公司售票处、航空销售代理机构办理误机确认。

已办理误机确认的旅客，若要求改乘后续航班，可在上述地点或原购票地点办理变更手续，航空公司应在航班有可利用座位的条件下予以办理，免收误机费一次；但

旅客若在航班规定离站时间前 72 小时以内变更过航班或出行日期，应交付客票价 5%的误机费。

未办理误机确认的旅客，若要求继续旅行，应交付客票价 20%的误机费。若旅客在误机变更后，要求再次改变航班和出行日期，应交付客票价 50%的变更手续费。若旅客在误机或误机变更后要求退票，应按自愿退票规定办理，并交付客票价 50%的误机费。

团体旅客误机，客票作废，票款不退。

 爱岗敬业

航班延误致外籍旅客误机，中转员真情服务获赞

因天气原因，原本上午就可以到达的 CA1947 次航班延误至下午才到达。当日，中转员杨一薇通过离港系统获知，有位外籍旅客无法正常衔接后续至拉萨的航班，便预先和国航机场售票处取得联系，但得知当日成都飞往拉萨的航班均为满客，旅客只能改签次日航班。

当该旅客到达中转柜台后，杨一薇告知旅客航班情况，并让旅客尽快前往售票柜台改签。但当她查验相关证件时发现旅客的入藏函已到期，若当日不能成行，该旅客就无法继续后面的行程。于是，杨一薇立即告知旅客前往国航值机总台候补当日成都最后一班飞往拉萨的 CA4441 次航班，并详细告知了旅客前往路线。在旅客飞奔前往值机总台的同时，杨一薇将旅客的情况告知了值机总台人员和售票人员，请他们尽力为旅客候补。当时距 CA4441 次航班起飞仅有 1 个小时，留给旅客和工作人员的时间仅有 15 分钟。

当时中转柜台还有其他旅客需要保障，杨一薇虽忙着工作，但心中却一直记挂着这位外籍旅客。当杨一薇忙完后再次联系售票处和值机总台时，均被告知该旅客未出现。眼看距离 CA4441 次航班关闭柜台的时间越来越近，杨一薇灵机一动，利用机场广播通知该旅客尽快到达值机总台。

终于，在机场广播的引导下，在航班值机即将关闭前的 3 分钟，该外籍旅客出现在值机总台，并在值机总台人员和售票人员的努力下候补成功。随后，地服部不仅安排了专人协助旅客快速通过了安检，还安排了中转电瓶车等候在安检区。旅客登机前满含感激，不停地用有些生硬的中文说着"谢谢"。

资料来源：民航资源网，http://news.carnoc.com/list/422/422009.html

（二）漏乘旅客的服务与管理

漏乘是指旅客在航班始发站办妥乘机手续后，或在经停站过站时，由于各种原因没

有搭乘上指定的航班。

（1）由旅客原因导致的漏乘，在航班始发站，航空公司应根据航空公司所适用的运输总条件和客票使用条件，按照自愿变更或自愿退票处理；在航班经停站，客票作废，票款不退。

（2）由航空公司原因造成的旅客漏乘，航空公司应尽早安排旅客乘坐后续航班成行。由航班取消、提前、延误，航程改变或航空公司不能提供原定座位导致旅客要求退票的，在始发站，航空公司应退还全部票款；在经停站，航空公司应退还未使用航段的全部票款，且均不可收取退票费。

（3）有旅客漏乘时，登机口工作人员需修改舱单，减去旅客重量。若旅客有托运行李，还需减去其托运行李的重量，并通知行李相关部门卸除行李。

（三）错乘旅客的服务与管理

错乘是指旅客未按客票和登机牌上注明的航班乘坐飞机。旅客错乘飞机，主要是由于航空公司在旅客乘机时把关不严造成的，所以航空公司应承担主要责任。航空公司应安排错乘旅客搭乘最早的航班飞往旅客客票上的目的地，票款不补不退。若错乘旅客要求退票，按非自愿退票规定办理。

两名同学一组，分别扮演漏乘旅客与机场工作人员，演示由于旅客原因和航空公司原因造成的旅客漏乘该如何处理。

三、航班超售

为了满足广大旅客的出行需求，减少因部分旅客临时取消出行计划而造成的航班座位虚耗，航空公司都会允许在部分客流多、航班密度大的航线上进行适当的超售，具体超售数额由各航空公司座位控制部门掌控。无论什么原因造成的座位超售都会给旅客带来不便，所以航空公司有责任采取一切可能的措施来减少旅客的损失和维护航空公司的声誉。

航班超售时，航空公司应在旅客办理乘机手续前，告知旅客航班超售情况、补偿方案及旅客可享有的权利，具体处理方案如下。

（1）若较低等级座位超售，较高等级的客舱座位不满，可根据非自愿提高座位等级的规定，按座位等级逐级提高的顺序，免费为旅客提供高一等级的座位。

（2）若较高等级座位超售，较低等级的客舱座位不满，则按非自愿降低座位等级的规定，为旅客提供低一等级的舱位，并退还舱位差价。

（3）若超售不能按照改变座位等级的方法解决时，只能按以下顺序拉下旅客：① 持有利用空余座位的免费或折扣优待票的旅客；② 本站无订座记录的旅客；③ 特种票价旅客；④ 带团的领队；⑤ 普通旅客（按旅客办理乘机手续的先后顺序）。

对于因超售座位而被迫拉下的旅客，应由主管领导说明情况、致歉，并请求旅客协助。尽可能安排旅客改乘后续航班，并按非自愿原则为旅客安排必要的餐食和住宿。

尽忠职守

耐心沟通，圆满处理航班超售

南昌飞往深圳的 MU5261 次航班的头等舱超售了 2 个座位，幸运的是经济舱还有些许空余座位。头等舱旅客若愿意，可以"降舱"搭乘该航班前往深圳。值机主任万一鸣了解到这一情况后，立即展开航班超售处理工作。万一鸣根据多年的工作经验，预料到接下来的旅客沟通工作将会比较困难，若经济舱超售但头等舱有空座，旅客被"升舱"还是很乐意的，但要头等舱旅客"降舱"，旅客肯定不情愿。

离航班起飞还有 4 个小时，万一鸣早早地在值机柜台等待 MU5261 头等舱旅客的到来。万一鸣耐心地和每一位头等舱旅客进行沟通，把实际情况告知旅客，但大部分旅客知道情况后或愤怒，或漠然，都拒绝了万一鸣的"降舱"请求。

最终，在航班起飞前一小时，头等舱旅客王女士和熊女士听完万一鸣真诚耐心的说明和请求后，愿意接受"降舱"出行，并按规定获得了每人 400 元降舱补偿及 1 800 元客票差价。万一鸣以真诚的态度和耐心细致的服务，圆满地处理了这次航班超售。

资料来源：民航资源网，http://news.carnoc.com/list/390/390421.html

任务实施

情景模拟——误机旅客服务

实施步骤：
1. 学生分为两组，一组扮演旅客肖先生，另一组扮演值机人员。
2. 根据"任务情景"中提供的相关信息，完成误机旅客值机手续的办理。
（1）主动向肖先生问好，并请其出示有效乘机证件。
（2）为肖先生办理误机确认手续。
（3）为肖先生办理客票变更手续。

任务评价

请根据表3-3对上述任务实施的结果进行评价。

表3-3 任务实施评价表

考核内容	分值	自评分	小组评分	教师评分	实得分
误机处理规定运用准确，语言表达清晰规范	40				
客票变更规定运用准确，语言表达清晰规范	30				
为旅客提供服务的流程连贯流畅，服务态度良好，语言清晰	30				
总分	100				

自我检测

1. 航班不正常指的是什么？造成航班不正常的原因是什么？
2. 座位超售时，非自愿改变舱位等级有何规定？
3. 错乘的处理包含哪些内容？

任务四 掌握特殊旅客的服务与管理

任务情景

情景一：10岁的小学生王浩想要利用暑假时间，乘坐飞机从北京出发到上海找爸爸，其家人因为特殊原因不能陪同，想要为王浩办理无成人陪伴儿童乘机手续。

情景二：郑显扬先生已经购买了CA1218次航班的机票，但在乘机的前一天，他不小心把脚扭伤了，只能勉强踮着脚尖走，不能远距离、长时间地行走。到达机场后，他发现登机口太远，担心长距离行走会加重病情，所以想申请轮椅服务。

项目三 机场值机服务与管理

> 知识讲解

一、重要旅客

（一）重要旅客的范围

（1）非常重要的旅客简称 VVIP，主要包括各个国家的元首和政府首脑。

（2）重要旅客简称 VIP，主要包括：① 省部级（含副职）以上的负责人；② 军职为少将以上的军人；③ 公使、大使级外交使节；④ 由各部、委以上单位或我驻外使、领馆提出要求，按照重要旅客接待的客人；⑤ 国际组织负责人，在国际上有影响力的文学家、艺术家、科学家和新闻界人士等。

（3）工商界重要旅客简称 CIP，主要指各航空联盟的领导人及本航空公司的领导。

（二）重要旅客的服务保障要求

（1）在头等舱值机柜台优先为重要旅客办理乘机手续。

（2）为重要旅客的托运行李拴挂 VIP 标签和装舱口标识。

（3）重要旅客可享用要客休息室。

（4）重要旅客可使用安检贵宾通道。

（5）重要旅客应安排专人接送机。

（6）重要旅客具有优先权，如优先上下飞机、装卸行李；遇到航班延误时，优先安排食宿。

二、无成人陪伴儿童及少年

无成人陪伴儿童的代码为 UM，是指年龄在 5 周岁（含 5 周岁）以上，12 周岁（含 12 周岁）以下的无成人陪伴的单独乘机的儿童。5 周岁以下的无成人陪伴儿童原则上不接受。在国际航线上，一般要求申请无成人陪伴儿童服务的儿童要年满 8 周岁。

无成人陪伴青少年的代码为 YP，一般指年龄在 12～16 周岁的少年旅客。他们须购买全价票，其他手续的办理与无成人陪伴儿童一样，在国际航线上，这个年龄会放得宽一些，一般为 12～18 周岁。

无成人陪伴儿童在乘机时，送机监护人必须填写"特殊旅客乘机申请书"（见图 3-9）第一、二、三、五、六项的内容。"特殊旅客乘机申请书"一式四联，这四联将在接受任务的送机员（特服人员）协助无成人陪伴儿童办理值机、与乘务人员交接，以及乘务人员与目的地接机员（特服人员）交接的过程中陆续交付相关人员，待目的地特服人员将儿童交由接机监护人手中并由对方签字后，目的地特服人员收存最后一联。

特殊旅客乘机申请书
Application form for Special Passenger

一、特殊旅客类别 CATEGORY（"方框内打对勾"）

☐ 需要帮助 MAAS　　　☐ 无人陪青少年 YP、儿童 UM　　　☐ 残疾旅客 INVAID
☐ 盲人旅客 BLND　　　☐ 聋哑旅客 DEAF　　　☐ 担架旅客 STCR　　　☐ 孕妇旅客 PREGNANT
☐ 轮椅旅客 WCHR/S/C（☐ 无须他人协助可行走　☐ 在他人协助下可行走　☐ 无法行走）

二、乘机旅客信息 PASSENGER INFORMATION

旅客姓名 Name	年龄 Age	性别 Sex	座位号 Seat	特殊要求 Special request	手提行李 Hand baggage	托运行李 Check-in baggage

三、航班信息 FLIGHT DETAILS

目的地 Station	日期 Date	航班号 Flight No.	飞机号 Aircraft No.

四、旅客声明 PASSENGER MANIFEST

健康状况 State of Health:

旅客（申请人）签字 Signature:　　　　　　　　　申请日期 Date:

五、始发站托付人信息 PERSON ENTRUSTING ON DEPARTURE

姓名 Name	与旅客关系 Relation	证件号码 ID No.	地址及电话 Address&Tel

六、到达站承接人信息 PERSON MEETING ON ARRIVAL

姓名 Name	与旅客关系 Relation	证件号码 ID No.	地址及电话 Address&Tel

七、服务人员信息 SERVICE PROVIDER INFORMATION

值机接收人 Receiver		送机人 Transporter		乘务人员 Steward		接机人 Pick up	
备注 Remark							

图 3-9　特殊旅客乘机申请书

为无成人陪伴儿童提供服务时，工作人员需要注意以下事项。

（1）核实无成人陪伴儿童在购票时是否提出特殊服务申请，只有在售票系统中申请配额后，才能为其办理乘机手续。

（2）每个航班必须严格按规定控制无成人陪伴儿童的数量。

（3）检查儿童是否携带"无成人陪伴儿童文件袋"，仔细核对文件袋中的相关凭证，如登机牌、行李票和旅行证件，确保正确无误。

（4）无成人陪伴儿童的座位安排原则如下：① 应安排在便于指定的随机服务员或乘务员照料的位置；② 靠近机上厨房，最好是过道座位；③ 若有可能，与其他旅客的座位分开；④ 若无法与其他旅客分开，应安排在女旅客旁边的座位上；⑤ 不得安排在紧急出口附近的座位上。

三、轮椅旅客

（一）轮椅旅客的分类

需要轮椅的病人或伤残旅客（见图3-10），根据其行动能力可分为以下3种。

图3-10 为轮椅旅客服务

1. 机上轮椅旅客

此类旅客尽管能在座位上就座，但完全不能动弹，并且前往或离开飞机和移动式休息室时需要轮椅，在上下客梯和进出客舱时需要背扶。此类旅客的服务起止于客舱座位。

2. 客梯轮椅旅客

此类旅客可以自己进出客舱座位，但上下客梯时需要背扶。此类旅客的服务起止于客梯。

3. 地面轮椅旅客

此类旅客可以自行上下客梯，也可以自己进出客舱座位，但远距离前往或离开飞机时，如穿越停机坪、站台或前往移动式休息室时需要轮椅。此类旅客的服务起止于客机停机坪。

知识角

轮椅旅客订座须知

当需要轮椅的旅客联系订座时，工作人员应详细询问旅客或其代理人有关旅客的伤残情况，以便确定旅客属于上述哪种情况。目前国内航班载运的轮椅旅客数量，机上轮椅旅客或客梯轮椅旅客只能有两名，地面轮椅旅客则不限。

（二）轮椅旅客的服务保障要求

（1）送机人与轮椅旅客应持电子行程单、有效证件和乘机医疗许可等，于航班起飞前两小时到达机场。

（2）送机人或特服人员应协助旅客本人填写"特殊旅客乘机申请书"。

（3）送机人或特服人员到值机区协助旅客办理登机牌和托运行李。

（4）特服人员协助轮椅旅客通过安检和登机，并与乘务人员交接。

（5）航班到达目的地后，会有当地机场特服人员协助旅客下机。

（三）运输轮椅的要求

旅客使用轮椅的情况分为两种，一种是自带轮椅，一种是机场提供的轮椅。不同轮椅的运输要求有所不同。

1. 自带轮椅

旅客自带轮椅必须进行托运且必须通知航程中所有参加承运的航空公司。托运是免费的，而且不计入免费行李额内。旅客可以在值机柜台办理托运，也可以在登机口进行托运。若旅客的轮椅是电动轮椅，在托运时应注意以下几点：① 将轮椅的电源断开；② 正负极分别用绝缘胶带进行缠裹，避免短路；③ 粘贴向上标签，防止轮椅倒置；④ 粘贴装舱口标识。

2. 机场提供轮椅

旅客在特服部门申请轮椅后，特服部门会安排特服人员协助旅客办理乘机手续，通过安检并且登机，待旅客登机后，收回轮椅。

> **课堂互动**
>
> 一名旅客由其家人用轮椅送至机场,希望可以顺利地乘坐飞机。机场相关工作人员应如何为该轮椅旅客提供服务?

四、其他类型的特殊旅客

(一)孕妇

孕妇的免疫系统处于相对较弱的状态,抗外界干扰能力差。飞机飞行过程中,海拔高度的急剧变化引起的大气压强差,更容易使其感到不适。因此,航空公司对于孕妇乘机有一定的限制条件。孕妇乘机应经航空公司同意,并事先做出安排。只有符合运输规定的孕妇,航空公司方可接受其乘机。一般情况下,航空公司对于孕妇乘机的具体规定如下。

(1)怀孕不足8个月(32周)的健康孕妇,可以按一般旅客运输。

(2)怀孕超过8个月(32周),以及虽然不足8个月,但是医生诊断其不适宜乘机的孕妇,航空公司一般不予接受。

(3)怀孕超过8个月不足9个月(36周)的健康孕妇有特殊情况需要乘机的,应提供"诊断证明书"(见图3-11),其内容包括旅客姓名,年龄,怀孕时期(若36周以上的孕妇短途旅行,则要注明预产期),航程和日期,是否适宜乘机,在机上是否需要提供其他特殊照料等。"诊断证明书"(一式二份)应在旅客乘机前72小时内填开,并经县级(含)以上的医院盖章和该院医生签字方能生效,否则航空公司有权不予承运。

(4)怀孕超过9个月(36周),预产期在4周以内,或预产期不确定,但已知为多胎分娩或预计有分娩并发症者,航空公司不予接受运输。

(5)产后不足14天的产妇,以及足月生产的不满14天的新生儿,不足月生产的不满90天的新生儿,航空公司不予承运。

诊断证明书

1. 旅客姓名＿＿＿＿＿＿＿＿＿＿ 2. 年龄＿＿＿＿＿＿ 3. 性别＿＿＿＿＿

4. 住址(或工作单位)＿＿＿＿＿＿＿＿＿＿＿＿ 5. 电话＿＿＿＿＿＿＿

6. 航程:航班号＿＿＿＿＿＿＿＿＿＿日期＿＿＿月＿＿＿日自＿＿＿至＿＿＿

   联程:航班号＿＿＿＿＿＿＿＿＿＿日期＿＿＿月＿＿＿日自＿＿＿至＿＿＿

7. 诊断结果:＿＿＿＿＿＿＿＿＿＿＿＿＿＿＿＿＿＿＿＿＿＿＿＿

8．症状、程度、愈后（如系孕妇需注明预产期）_____
_____

注：（1）上述 7、8 两项内容的填写需简单、明确。

（2）下述表格中提供的内容供机上服务人员在飞行途中为病残旅客提供必要的服务时作为参考。

症状＼程度	无	轻度	中等	严重	备注
贫血					
呼吸困难					
疼痛					
血压					

附注：（如有膀胱、直肠障碍或在飞行中需特殊餐食及药物医疗处理情况等，请予以列明）
_____

9．需要何种乘坐姿势（将下列适用的项目用 O 圈起）

乘坐姿势		1．使用机上一般座椅　2．使用机上担架设备
陪伴人员		医生，护士、其他人员（具体列明），不需要
上下飞机时	轮椅	需要，不需要
	担架	需要，不需要
救护车		需要，不需要

我院诊断认为，该旅客的健康条件在医学上能够适应上述航空旅行的要求，无传染疾病，也不至造成对其他旅客的不良影响。

医师：_____ 电话：_____
签字　　　　　　　　　　　医疗单位（盖章）

　　　　　　　　　　　　　　　　　　　　　　年　　月　　日

图 3-11　诊断证明书

（二）担架旅客

担架旅客是非常特殊的一种旅客。在航站楼，人们基本上看不到担架旅客的身影，因为担架旅客运输的流程与其他特殊旅客不同。

担架旅客应提前订座，经航空公司同意后方可运输。担架旅客乘机需提供由二级甲等医院（境外含诊所、医疗中心及医院）医生填写并加盖有公章的"诊断证明书"，"诊断证明书"必须在航班计划起飞前 48 小时内出具。担架旅客的票价通常为经济舱正价的

3～6倍（各航空公司规定不同），可享受120千克免费行李额。

担架旅客及其随机人员须携带身份证件、"诊断证明书"及"特殊旅客乘机申请书"，最迟于航班预计起飞前120分钟到达航班始发地机场办理乘机手续。

两岸民航携手紧急运送担架旅客

旅客重病急需救治，两岸民航联手，密切配合，以最快的速度将一台湾籍担架旅客顺利送抵台湾。这次紧急运输的全过程堪称完美：从接到紧急电话、到手续办理、多方协调、病患乘机……厦门航空（以下简称"厦航"）、厦门高崎国际机场、台北松山机场等两岸民航部门、企业携手，为旅客搭建了绿色生命通道。

2017年12月6日中午11点45分，厦航商务调度室接到一个紧急电话：1名台湾籍旅客由于颈椎骨折，伤情严重，急需乘机回台继续治疗，需要用担架运输。因为担架旅客乘机需要拆除飞机座椅，协调安检、通关等一系列特殊保障，所以通常需要提前72小时向航空公司申请，但因该旅客伤情紧急，厦航决定特别开辟绿色通道。

随后，厦航立即启动应急保障方案：客运营销委为旅客紧急出票；运行指挥部指挥前方站确保MF881次航班按时飞抵厦门，为客舱加装医疗设备和保障后续航班正常出发争取时间，并通知地面服务保障、飞机维修、签派等相关部门做好担架安装、特殊旅客空中保障通知和准备；地面服务保障部协调机场指挥中心、机场急救中心、平台车等机场相关特殊岗位和服务车辆保障，安排地面保障人员专门沟通驻场边防、海关、检验检疫等联检单位，预先梳理出境通关、登机流程。

与此同时，厦航台湾办事处的准备工作也紧锣密鼓地展开：工作人员联系旅客家属提前到达机场，沟通地面代理协调松山航务处、移民署、海关、卫检、机场医生、消防局等单位保障担架旅客优先通关，并积极沟通救护车进场保障事宜。

下午两点，飞机前序航班一落地，厦航飞机维修工程师马上上机，迅速拆除最后三排座椅的中间座位安装担架。机组成员也提前进场，确认担架安置情况，做好准备。下午3点，运载旅客的救护车到达机场，机场各联检单位、厦航地面服务保障部安排专人为担架旅客优先办理出境、检疫和通关、安检、乘机手续，并安排该旅客最先登机。

下午5点19分，MF881次航班顺利起飞。飞行过程中，乘务组时刻关注旅客的情况，考虑到担架旅客行动不便，主动为他按摩手臂，以防长时间躺卧造成不适。下午6点33分，飞机顺利抵达台北松山机场，厦航驻台北办事处工作人员及机场救护车已提前在机坪等候。晚上7点07分，担架旅客在工作人员的细心保障下，顺利下机并送往医院就医。

> "生命至上"是厦航人一直以来的保障原则。从领受任务到保障担架旅客平安抵达,仅用了不到 7 小时,各单位多方位、全流程无缝衔接,保证整条"绿色生命通道"环环相扣,为病患救治争取了宝贵的时间。
>
> 资料来源:民航资源网,https://news.carnoc.com/list/427/427563.html

(三) 病残旅客

病残旅客是指身体或精神上有缺陷而无自理能力,或行动需要他人照料的旅客。

病残旅客在申请订座时,应根据规定,出示县级以上医疗单位在起飞前 96 小时以内开具的允许其乘机的"诊断证明书",并填写"特殊旅客乘机申请书"。接受订座的部门应将相关特殊服务的项目通知机场值机部门。

为病残旅客办理乘机手续时,工作人员应验收"诊断证明书""特殊旅客乘机申请书"等相关文件,并注意观察病残旅客的身体状况,若其出现病情恶化等不适宜乘机的情况,应根据实际情况,拒绝承运。

(四) 盲人旅客

盲人旅客若有人陪同,则可视其为一般旅客。对于单独出行的盲人旅客,航空公司要求必须有接送机监护人员。

另外,有的盲人旅客在乘机时会携带导盲犬。各大航空公司对于携带导盲犬乘机的规定基本上大同小异。一般来说,盲人旅客携带导盲犬乘机,需要满足以下条件。

(1) 携带导盲犬乘机,必须在航班起飞前 72 小时或 48 小时,在直属售票处或营业部提出订座申请,符合运输条件的导盲犬可以由盲人旅客免费携带并带入客舱运输,或单独装进货舱运输。

(2) 导盲犬陪伴主人进入客舱,需要提供有效的动物免疫证明、动物检疫合格证明、运载工具消毒证明、动物训练合格证明,以及动物的身份证明或工作证明等书面证件。

(3) 航空公司对于导盲犬登机的数量有严格限制,每个航班的客舱内只能装运 1 只导盲犬。

(4) 在飞行的过程中,除可给导盲犬少量饮水外,禁止喂食。

(5) 带进客舱的导盲犬,应在登机前为其系上牵引绳索,并不得占用座位和让其任意跑动。

(6) 携带导盲犬乘机时,只能购买经济舱客票。

大兴机场首创无障碍出行八大系统

北京建筑设计研究院依据残障人士行动不便、视觉障碍和听觉障碍等特点，创新性地将大兴机场无障碍设施分解为无障碍停车系统、通道系统、公共交通运输系统、专用检查通道系统、服务设施系统、登机桥系统、标识信息系统、人工服务系统等八大系统，配备了车道边无障碍停车位、车道边与人行道连接坡道、召援电话、盲道、低位综合问询柜台、候机区无障碍座椅、爱心座椅、低位值机柜台及无高差行李称重系统、低位安检验证柜台、轮椅通道、多功能无障碍卫生间、低位饮水处、坡道及双层扶手、无障碍电梯、标识引导系统、远机位专用无障碍登机设施等无障碍设施。

无障碍环境建设是大兴机场"精品工程、样板工程""四型（平安、绿色、智慧、人文）机场"的重要组成部分，是展示新机场现代化建设水平和人文关怀的重要体现。一系列的无障碍通用设计等理念意识、创新亮点，精雕细节、用心暖心的设计样板值得向全国公共行业推广应用。

大兴机场无障碍八大系统树立了机场建设的标杆，并入选全国首次无障碍设施设计十大精品案例，体现了业界对机场无障碍建设的充分肯定。

资料来源：中国民航网，http://fuwu.caacnews.com.cn/1/1/201910/t20191014_1283032.html

任务实施

情景模拟一——为无成人陪伴儿童提供服务

实施步骤：

1. 学生分为5人一组，分别扮演值机人员、儿童王浩、王浩家人、出发站的特服人员及乘务人员。

2. 根据"任务情景"中提供的相关信息，完成旅客值机与登机手续的办理。

（1）特服人员协助王浩家人填写"特殊旅客乘机申请书"。

（2）值机人员查验儿童王浩的相关证件，并为其办理乘机手续。

（3）特服人员核实接送人员的信息。

（4）特服人员协助儿童王浩通过安检并登机，然后与乘务人员交接。

情景模拟二——为轮椅旅客提供服务

实施步骤：

1. 学生分为两人一组，分别扮演旅客郑先生和出发站的特服人员。

2. 根据"任务情景"中提供的相关信息,完成旅客值机手续的办理。

(1)特服人员协助旅客郑先生填写"特殊旅客乘机申请书",同时询问伤残情况,确定应将其送到什么位置(登机口、舱门或座位上)。

(2)特服人员协助旅客郑先生办理乘机手续。

(3)特服人员带领旅客郑先生进行安检。

(4)特服人员协助旅客郑先生登机,并收回轮椅。

任务评价

请根据表 3-4 对情景模拟一的实施情况进行评价。

表 3-4　任务实施评价表

考核内容	分值	自评分	小组评分	教师评分	实得分
特服人员协助儿童家人填写"特殊旅客乘机申请书"	20				
值机人员查验无成人陪伴儿童的相关证件,并办理值机	20				
特服人员核实接送人员的信息	20				
特服人员协助儿童通过安检并登机	20				
特服人员与乘务人员交接,说明无成人陪伴儿童的情况,接机人情况等	20				
总分	100				

请根据表 3-5 对情景模拟二的实施情况进行评价。

表 3-5　任务实施评价表

考核内容	分值	自评分	小组评分	教师评分	实得分
以得体的语言询问轮椅旅客的伤残情况	20				
协助旅客填写"特殊旅客乘机申请书"	20				
协助轮椅旅客办理乘机手续	20				
协助旅客通过安检	20				
帮助旅客顺利登机,并收回轮椅	20				
总分	100				

自我检测

1. 对VIP旅客的接待有哪些规定？
2. 什么样的旅客属于特殊旅客？
3. 什么是无成人陪伴儿童？
4. 航空公司对孕妇的乘机条件有何规定？

任务五 掌握行李异常旅客的服务与管理

任务情景

苏青女士乘坐北京飞往上海的CA1231次航班到达虹桥机场后，在行李提取大厅没有找到自己的行李，随后来到行李查询柜台要求解决。工作人员经过查询，发现此次航班的确有一件无人领取的行李，但不是苏青女士的。苏青女士经过20多天的等待，最终收到航空公司关于其行李丢失的通知。苏女士决定向航空公司讨要说法。

知识讲解

所谓行李异常，是指行李在运输过程中出现不正常的情况，如少收行李、多收行李、行李污损、行李内物品被盗或行李丢失等，造成行李不能在行李牌或客票上约定的时间和地点，及时、完好地交付给旅客。

一、少收行李

少收行李是指未能按照预先约定的时间、地点交付给旅客的行李，或下落不明尚待查找的托运行李。

少收行李分为到达少收行李、出发少收行李和代查少收行李。到达少收行李是指未能与旅客同机到达、下落不明且尚待查找的行李。出发少收行李是指从本站出发到某一目的地的未能与旅客同机到达、下落不明且尚待查找的行李。代查少收行李是指航空公司委托查询的，未能与旅客同机到达、下落不明且尚待查找的行李。通常所说的少收行李是指到达少收行李。

造成少收行李的原因主要有以下几种：① 旅客错领、冒领；② 始发站错运；③ 始发站漏运或因超载被拉下；④ 本站货运人员漏卸，或将行李当成货物误卸至货运仓库；⑤ 经停站错卸。

（一）到达少收行李的处理

在航班到达之前，行李查询部门的工作人员应先检查有关即将到达航班的不正常行李运输电报，以便旅客前来问询时能做出准确答复。在航班到达后，若有旅客报告行李未到达，且经查实确无电报提供相关信息，则工作人员应按如下步骤处理。

（1）了解旅客信息，包括查验旅客客票、登机牌和行李提取联的目的地是否相符；向旅客了解少收行李的形状、颜色和材质等特征。

（2）根据上述信息进行查找：依次查看行李传送带周围有无遗留行李，行李拖车是否遗漏、飞机货舱是否漏卸、货运仓库是否错卸，查看本站的多收行李记录和电报，询问本站的其他航空公司的查询部门有无此行李。若未找到，应请旅客到行李查询室等候查询结果，并在"国内进港航班少收行李登记表"（见表3-6）上记录相关信息。

表3-6 国内进港航班少收行李登记表

编号	日期	姓名	航班号	类型和颜色	行李牌编号	联系电话	处理情况	填表人	是否结案

（3）填写"行李运输事故记录"（见图3-12）。"行李运输事故记录"一式两份，一份交由旅客收执，凭此领取行李或办理赔偿；另一份交由填制的查询部门留存。同时，收回旅客的行李提取联附在留存的"行李运输事故记录"存查联上，然后请旅客填写"丢失行李调查表"（见图3-13），将"丢失行李调查表""行李运输事故记录"一并存档。

（4）按照规定赔付旅客临时生活用品补偿费。该赔付应满足下列条件：① 行李当日未能交付给旅客；② 目的地不是旅客永久或长期居住地。临时生活用品补偿费的标准可根据当地的生活水平确定。工作人员应填写"临时生活用品付款单"（见图3-14），并计算好最终的行李赔偿金额。

项目三 机场值机服务与管理

图 3-12 行李运输事故记录

丢失行李调查表
Missing Property Questionnaire   DF-253

查询编号 File Reference Number：	行李丢失 Missing Baggage☐ 　内物丢失 Missing Item☐
尊敬的旅客： 中国国际航空公司对您的行李未能与您同机抵达而给您带来的不便深感歉意。若您在报失后72小时内仍未收到丢失行李，请您将此表列明的各项内容填妥，并尽早邮寄或传真至我处。由于此资料有助于进一步查找您的丢失行李，请您尽量列明行李内物品细节（含丢失物品数量、名称、购买日期及购买价值），以便查找。若您丢失若干件行李，请分别填写每件行李的内装物品明细。非常感谢您的配合。	Dear Passenger， Please accept our sincere apologies for the baggage delay on your arrival and for any inconvenience caused. If your missing personal property can not be located within 72 hours, please complete this form, including the inventorylist as detailed as possible and send it back to us through mail or fax. This form will be used for baggage tracing, please list details of contents (includes quantity, title, purchasing date and value). In case of multiple missing, we would like you to complete one separate list for each baggage. Thank you for your cooperation.

姓氏/ Surname		名字/ First name	
联系地址/ Contact Address			
联系电话/ Contact Phone		国家/ Country	
电子邮件地址/ Email Address		传真/ Fax	
会员卡号码/ Membership No.		职业/ Occupation	
航空公司（Airline）	航班/日期（Flight / date）	起飞机场（From）	到达机场（To）
托运行李总数 （件/千克） Total No.of Baggage Check-in (piece / kilo)	已取行李总数（件/千克） Total No.of Baggage Received (piece / kilo)	丢失行李总数（件/千克） Total No.of Baggage Missing (piece / kilo)	您最后在何时、何地见到您的行李？/ When and where did you see your baggage last?

是否已付行李逾重费用？/ Have you paid any excess baggage charges?　　是 Yes ☐ 否 No ☐
是否已付声明价值附加费？/ Have you paid any excess value declaration charges? 　　　　　　　　　　　　　　　　　　　　　　　　　　　　　　　是 Yes ☐ 否 No ☐
请附收据/ Please enclose receipt
行李上的特殊标记或姓名地址/ Special markings or name and address label on bag
行李是否在途中重新交运或更换行李牌？/ Was baggage rechecked and new tag issued? 　　　　　　　　　　　　　　　　　　　　　　　　　　　　　是 Yes ☐ 否 No ☐
若是，在哪个机场？/ If yes, at which airport? _____

项目三 机场值机服务与管理

您是否有向其他航空公司报失？/ Was loss already reported to other airline?		是 Yes □ 否 No □	
若是，在哪家航空公司？/ If yes, at which airline? _____			
丢失行李的类型/ Type of missing baggage			
质地/Material _____	品牌/ Brand _____		颜色/ Colour _____
若您在到达目的站机场时未能及时申报行李丢失，请列明原因。/ If you did not report the loss at once on arrival, please state reason.			
您以何种方式申报行李丢失？/ Was report made?		亲身前往/ In person □ 电话/ By phone □	

请详细列出行李内的物品。每件丢失行李填写一张清单。
Full details of contents of missing baggage. Please use separate sheet for each bag.

请用正楷填写/ Please print in capital letters

数量 Quantity	物品 Article	牌子名称、颜色、质地及其他描述 Brand, Colour, Material etc.	购买日期 Purchase Date	购买金额 Purchase Price

您以前是否丢失过行李？/ Have you had any previous baggage losses? 是 Yes□ 否 No□	总金额 Total Value		货币单位 Currency	
本人声明证实上列提供之详情完全属实。 I affirm that the above particulares are completely true.		签名/ Signature		日期/ Date

图 3-13 丢失行李调查表

临时生活用品付款单

赔偿编号   行李事故编号
Compensation NO. _____ REF NO. _____

  兹有本人在乘坐中国求实航空公司航班旅行时未收到我的交运行李，愿意接受中国求实航空公司支付的如下金额用以购买临时生活必需品。我理解并同意将来若找不到我的行李，以下金额将计算入中国求实航空公司对我的赔偿款项内。

I, the undersigened, received from China Qiushi Airlines.the following sum _____. This payment is for the puchase of tempprary necessary personal item dne to the non-delivery of my checked baggage during the course of my travel on China Qiushi Airlines flight. It is understood and agreed that above payment will be applied and credited to any future adjustment made to me by China Qiushi Airlines, in the event that my baggage i not located.

旅客姓名
Passenger' name _____

客票号
Ticket No. _____

地址
Address _____

航班/日期
Flight / date _____

行李牌号
Tag No. _____

金额
The sum of _____

旅客签字
Passenger' signature _____

经手人   批准人签字
Prepared by _____   Approved by _____

图 3-14 临时生活用品付款单

（5）拍发少收行李查询电报。在两小时以内，向始发站、经停站和航班的后续航站拍发第一次电报；在 24 小时内拍发第二次电报；在 72 小时内拍发第三次电报；在 21 天内拍发最后的查询电报。

（6）对旅客进行理赔。理赔时，旅客需要填写"行李运输事故记录""丢失行李调查表""旅客行李索赔单"（见图 3-15），以及"行李赔偿费收据"（见图 3-16）。同时，旅客需要提供行李牌提取联、证件复印件、逾重行李票旅客联（或复印件）、查询行李的全部来往电报和信函，以及登机牌等凭证。

（7）定期通知旅客行李的查找情况。第一次通知应在第一次查询后的 24 小时内发出；第二次通知应在第二次查询后的 24 小时内发出；第三次通知应在第三次查询后至确定行李丢失期间，且不迟于第三次查询后的 72 小时发出。

国内航班旅客行李索赔单
CLAIM FORM OF DAMAGE OR LOSS OF PASSENGER BAGGAGE

旅客姓名 Passenger's name				
地址 Address				
工作单位 Profession / service				
客票、行李牌 Ticket and Tag No.				
航班号 Flight No.	月 Month	日 Date	航班号 Flight No.	月 Month 日 Date
发生事故的日期和地点 Date and place of occurrence				
损失或遗失的主要情况 Datails of damage or loss				
件数 No.of pieces		重量 Weight		声明价值 Declared Value
行李内容 List of Contents				
索赔金额 Amount Claimed				
索赔人签字或盖章 Signature of Claimant		日期 Date		地点 Place

图 3-15　国内航班旅客行李索赔单

行李赔偿费收据
RECEIPT FOR COMPENSATION

赔偿编号   行李事故编号
Compensation No. _____   REF No. _____

旅客姓名   日期
Paseenger _____   Date _____

航程：   航班号：
Routing _____   Flight No. _____

客票号：   行李牌号：
TKT No. _____   TAG No. _____

赔偿原因（Type of the compensation）：_____
_____

事故主要情况（Detail of the accident）：_____
_____

赔偿金额（The sum of）：_____

解除责任声明：

兹收到中国求实航空公司_____所支付的上述赔偿款项，对该行李的损失，今后不再向中国求实航空公司或与其相关的承运人或代理人提出任何索赔要求。

RELEASE:

I, the undersigned, received from China Qiushi Airlines_____ the above sum. In consideration of this payment, I hereby release and discharge China Qiushi Airlines, its connecting carriers, agents and other from any all claims or demands which I now haver or may hereafter have.

经手人：
Prepared by: _____   旅客签字
批准人 _____   Ignature of passenger: _____
签字日期
Date signed: _____

图 3-16　行李赔偿费收据

（二）出发少收行李的处理

工作人员对出发少收行李的处理步骤如下。

（1）本站查找。核查本站的多收记录及电报。若行李特征相符，则将行李速运至少收电报指示的航站。同时，核对外站发来的多收电报，若发现线索，则发报通知或直接

项目三 机场值机服务与管理

通知多收站。

(2) 电话或电报回复。若未查到行李,应拍发回无电报或确已装机电报。

(3) 泛查。向该航班起飞时间前后两小时内本站始发航班所到达的机场(航空公司或其代理机构)行李查询部门拍发泛查电报。

(4) 建档。将相关查询电报存档备查,将相关信息记录在"国内出港航班外站少收行李登记表"上,如表3-7所示。

表3-7 国内出港航班外站少收行李登记表

编号	日期	航班号	类型和颜色	行李牌编号	原因	处理情况	填表人	是否结案

(5) 结案。若行李已找到,则应在对方站发来结案电报后,在记录本上记录结案情况,并将档案归档备查。

(6) 回本站查找。若旅客提出回本站查找,则应根据旅客在到达站填写的"行李运输事故记录"及相关电报继续查找。若受理赔偿,则必须取得到达站的授权电报、信函、赔偿意见和原始档案,以确认到达站未做赔偿。

 爱岗敬业

错拿行李终寻回,热心帮扶显真情

2021年10月的一天下午,海口美兰机场组织员工开展大客流压力测试,为备战冬春航班换季做准备。正在保障压力测试的航站区管理部志愿者徐杰、杨秀琳突然接到通知,有3位老人的行李和另一组旅客的行李互相错拿,需要协助找回,并且其中一位老人行动不便,需要注意照看。

徐杰、杨秀琳交接了手中的任务后,马上开始帮助三位老人寻找错拿的行李。考虑到老人刚下飞机,当时又临近晚餐时间,他们首先询问老人是否吃过晚餐,是否想要喝水,优先缓解老人身体上的不适。然后,徐杰带其中一位老人前往到达区域,通过与安检人员、公安人员沟通来了解另一组旅客的行动轨迹,以便找寻行李;杨秀琳则主动与另一位老人攀谈。这位老人已经80岁了,但其思路清晰,认真分析了他们三人的途经路线与可能错拿行李的区域,这让杨秀琳进一步了解了事情发展的经过。

5分钟后，前去寻找行李的老人与徐杰返回，他们依旧不清楚错拿行李的另一组旅客的所在区域。杨秀琳一边想着刚才与这位80岁老人的对话，一边安抚好行动不便的随行老人，随后独自前往公安办事处。经过多次沟通，杨秀琳确定了错拿行李的旅客轨迹。根据所获得的旅客轨迹信息，杨秀琳赶忙前去寻找，却发现错拿行李的另一组旅客已不在原地。杨秀琳十分焦急，担心旅客已自行离开，但经她多方联系，终于确认了另一组旅客的位置，并带着身边的3位老人成功找回丢失的行李。

资料来源：澎湃新闻，https://m.thepaper.cn/baijiahao_15153548

二、多收行李

　　多收行李是指在航班到达，且行李交付工作完毕后，仍旧无人认领的行李，或在出发站发现的，因行李牌脱落、旅客迟到等原因而无法与旅客同机运出的行李。

（一）多收行李的分类

　　多收行李主要分为错运行李、无行李牌行李、无人认领行李及迟运行李。错运行李是指行李上拴挂外站行李牌而错运至本站的行李。无行李牌行李是指行李交付工作已经完毕，仍无人认领而且行李上没有行李牌的行李。无人认领行李是指拴挂有到本站的行李牌，且在行李交付工作完毕时仍旧无人认领的行李。迟运行李是指本次航班本应载运而由于种种原因（漏装、行李牌脱落及晚交运等）未能载运的行李。

（二）多收行李的处理

　　工作人员应依据多收行李类别的不同，对其做出相应的处理。

1. 错运行李的处理

（1）记录。在"国内进港航班多收行李登记表"（见表3-8）中进行编号和登记。

表3-8　国内进港航班多收行李登记表

编号	日期	始发站	航班号	类型和颜色	行李牌号码	入库人	处理情况	填表人	是否结案

（2）速运并拍发电报。立即按行李牌所示到达站，填写并拴挂速运行李牌，并保留原行李牌以便核对，然后选择合理的运输路线，安排相应的最早航班将行李运出。同时，应给对方站的行李查询部门拍发运送电报，并注明是错运行李。

（3）若本站没有至目的地的航班，且无法中转，可将行李退回原发运站或错运至本站的中转站。

（4）若当天没有航班转运该行李，应将该行李放进仓库，贴好封条并拴挂多收行李牌，妥善保管，且向始发站的行李查询部门拍发多收行李电报。

2．无行李牌行李和无人认领行李的处理

（1）记录。在"国内进港航班多收行李登记表"中进行编号和登记。

（2）查看行李上的旅客姓名、地址标签或其他能识别旅客姓名、地址的标志，以及行李的类型、颜色等，核对其他站发来的少收行李电报或到达本站的旅客名单电报，找出线索，设法与旅客本人或相关人员联系。

（3）若以上操作仍无线索，应在 4 小时内，向始发、中途或经停航站的行李查询部门拍发多收行李电报。

（4）将行李存放在行李仓库内，贴好封条，并拴挂多收行李卡入库保存。

（5）若多收行李在航班到达 72 小时内仍没有找到失主，知道该行李始发站的，则将行李退回；否则，可经值班领导同意并按照规定流程，打开行李清点物品（至少两人在场），以便找到新的线索，并向相关航站拍发多收行李电报，详细注明行李的特征及内容。

（6）找到失主后，应立即通知失主前来领取，若查明失主在外地，则按速运方法运往失主所在地或失主指定的机场。

（7）自行李到达之日起，超过 90 天仍无人认领的，可按无法交付的行李的相关规定处理。

3．迟运行李的处理

（1）在"国内出港航班迟交行李登记表"（见表3-9）中做好迟运行李记录。

表3-9　国内出港航班迟交行李登记表

编号	日期	姓名	航班号	类型和颜色	行李牌编号	联系电话	处理情况	填表人	是否结案

（2）安排最早的后续航班运出，运出时，应填写和拴挂速运行李牌，并向相关机场的行李查询部门拍发运送电报，以便能够在航班到达时及时通知旅客，避免其查询。

（3）代理其他航空公司处理迟运行李时，应通知该航空公司驻本站代表。

三、污损、破损行李

污损、破损行李是指在行李运输的过程中，旅客托运的行李外部受到损伤、破坏或污染，从而使得行李的外包装或内装物价值遭受损失。航空运输的特殊性，以及在行李装卸过程中的不当操作，都可能使旅客的行李产生一定程度的损坏。

发生行李污损或破损，应立即查明原因、明确责任。航空公司不承担责任的正常运输损耗包括行李箱表面的正常轻微磨损和玷污、行李箱绑带的遗失、重量超常或内置物品超出置物极限等。若遇上述现象，应耐心向旅客解释；若行李的破损超过此类范围，航空公司应根据具体情况负责赔偿。

（一）破损行李的处理

（1）若旅客在提取行李时声明行李损坏，则工作人员应先检查旅客登机牌和行李牌，确认旅客的托运行李是否属于本次航班，然后查看行李上是否拴挂"免除责任行李牌"，并请旅客出示领取行李凭证，查看行李牌上是否注明"行李托运前已破损"或"包装不符合规定"字样。

（2）工作人员可同旅客一起检查行李外包装的损坏情况，查看是否有人为的打开迹象，破损痕迹的新旧，以及行李本身的包装是否符合规定等，必要时，可对破损行李过磅，确认是否有内物丢失，并尽可能明确责任。

（3）填写"不正常行李事故记录单"。

（4）分辨情况，若属于航空公司的责任，直接赔偿或在查询后予以赔偿。若行李轻度受损，对其修复后一般不予赔偿或给予象征性赔偿；若当时无法修复，应付给旅客适当的修理费。若行李受损以致无法使用，则应向旅客提供同一形状、规格基本相似的新行李箱，也可同意旅客在限定价格内购买新的行李箱，并在赔偿期限内凭发票报销，还可一次性地付给旅客适当的赔偿费。

（5）请旅客填写"旅客行李索赔单""破损行李事故记录单""行李装卸事故签证单""行李赔偿费收据"。

（6）收回旅客的领取行李凭证，附在存查的档案内，并在"破损行李事故记录单"上做好记录。

（二）污损行李的处理

（1）明确责任，工作人员应会同旅客一起检查并确定行李的污染是由航空公司造成的，还是旅客自身的原因造成的，若由行李内装易碎物品、流质物品造成污染，则应由旅客承担责任。同时，工作人员应仔细查验行李牌，查看是否签署相关免责条款。

（2）若是由航空公司责任造成的行李污损，工作人员应会同旅客填写"破损行李事故记录"，并注明污损情况。"破损行李事故记录"一式两份，一份交由旅客作为索赔依据，另一份留档存查。

四、托运行李内物被盗或丢失

在航空行李的运输过程中，有时会遇到旅客收到托运行李后，发现行李外包装完好无损，但行李内物品却出现短缺的现象，造成这种情况的主要原因是行李在运输过程中被盗。若遇到旅客托运行李内的物品被盗或丢失，工作人员可按照以下步骤处理。

（1）旅客在提取行李时，若没有提出异议，则视为托运行李已完好交付。若事后旅客提出行李被盗或丢失，除旅客能够提供证明是航空公司的过失导致外，航空公司不承担任何责任，但应协助旅客查找。

（2）旅客在提取行李时，若提出行李内物品被盗或丢失，并要求航空公司赔偿，航空公司应详细询问旅客，并请旅客以书面形式提出被盗或丢失物品的价值。同时，航空公司应确认丢失物品的重量（以交付行李的重量减去客票上记录的重量）。若查明物品丢失或被盗属于航空公司的责任，则航空公司应负责赔偿。

行李提取双向可视化

（3）若旅客在托运行李中夹带现金及贵重物品等，一旦物品或现金丢失或被盗，即使应由航空公司承担责任，航空公司也只按一般托运行李承担赔偿责任。

（4）若发现托运行李内的物品有短缺，应立即通知相关运输环节的领导，并查看经办人名单，尽可能找到疑点。物品短缺严重的，应向公安部门报案。

（5）工作人员应会同旅客填写一式两份的"行李运输事故记录单"，一份交由旅客作为赔偿依据，一份留档存查。

五、逾期无人认领行李

行李的保管期限是 90 天。旅客应于行李到达当天提取行李，否则从第二天起收取保管费。行李保管期间，工作人员不得擅自打开行李。

多收的行李、旅客遗留的自理行李和随身携带行李等，超过 90 天仍无人认领或无法找到失主的，则可作为逾期无人认领行李处理。

对于逾期无人认领的行李，经领导批准，可在 3 人在场的情况下打开，进一步查找旅客信息。属于国际航线的无法交付的行李，应交由当地海关处理。此时应逐件列明物品清单，并与海关经办人员办理交接手续。

军用物品应无偿移交当地军事部门。违禁品应无偿移交当地公安部门。文物古董应无偿移交当地文化部门。金银饰品应无偿移交至银行。货币在兑换成人民币后,应上交财务部门。

鲜活易腐物品应在 24 小时内处理。处理所得的资金应在扣除行李保管费、处理费及关税后,上交财务部门。若旅客在行李处理之日起 30 天内前来认领,确认无误后,可将余额退还。

根据本节"任务情景"中提供的相关信息,说说该如何处理无人领取的行李?

六、行李赔偿

(一) 行李赔偿的责任范围

(1) 旅客的托运行李在承运的过程中,若发生损坏、遗失、污染、短缺或延误运输,航空公司应负赔偿责任。旅客的自理行李和手提行李发生损失,除能提供证明是航空公司过失所造成的外,航空公司不负赔偿责任。

(2) 托运行李中的任何物品发生毁灭、遗失、损坏或延误运输的,只能按损失物品的重量与其所在行李重量的比例承担责任,但是因托运的部分行李或托运行李中某些物品的毁灭、遗失、损坏或延误运输,影响同一份行李票所列其他物品的价值的,则在确定航空公司的赔偿责任限额时,应将该份行李票内所列行李的总重量考虑在内。

(3) 航空公司作为其他航空公司的代理机构,对其他航空公司航班运输的行李所发生的损失不承担赔偿责任,但在获得该航空公司授权的情况下,可代为受理旅客的赔偿要求,并将此要求转给相关航空公司或责任站点。

(4) 对于逾重行李的逾重部分,若旅客未交付逾重行李费,则航空公司对该部分损失可不负担赔偿责任。

(5) 拴挂"免除责任行李牌"的行李,按行李牌上所标示的项目,免除相应的运输责任。

(6) 由下列情况造成托运行李的损失,航空公司不负赔偿责任:① 自然灾害或其他无法控制的原因;② 由于货物运输过程中遵守相关的法律法规、政府规章、命令及货物运输条件的规定,或由于旅客没有遵守这些规定的;③ 由于物品本身或行李内其他物品的性质、缺陷等造成行李内物品变质、减量、破损或毁灭的。

(7) 由行李内装物品造成的该旅客伤害或其他行李损害,航空公司不承担责任。旅客行李内装物品对他人造成伤害的,或对他人物品、航空公司财产造成损害的,旅客应赔偿航空公司的所有损失和由此支付的一切费用。

（二）旅客提出赔偿的时限

（1）对于行李损坏的问题，旅客应在航空公司交付行李时，立即向其提出索赔要求，最迟不得晚于从收到行李之日起 7 日提出。

（2）对于行李的遗失和延误运输，旅客向航空公司提出索赔要求的时间，最迟不得晚于从行李应交付给旅客之日起 21 日提出。

（3）赔偿责任的诉讼时效为 2 年，应从飞机到达目的地，或应到达目的地之日起计算，也可从运输停止之日起计算，否则，旅客就丧失所有损失的诉讼权。

（三）行李赔偿限额

（1）若旅客的托运行李全部或部分损坏、遗失，则赔偿标准为每千克不超过人民币 100 元；若行李的价值为每千克低于 100 元，按实际价值赔偿。

（2）旅客丢失行李的重量，按实际托运行李的重量计算，无法确定重量时，只能按该旅客享受的免费行李额赔偿。

（3）对于损坏的行李，按照行李降低的价值赔偿或负担修理费用。

（4）对于发生在上、下飞机期间，或由飞机上的事件造成的旅客自理行李或随身携带物品的灭失，航空公司承担的最高赔偿限额为每位旅客不超过人民币 3 000 元。

（5）行李赔偿时已收取的逾重行李费应予退还，旅客若已办理了行李声明价值，应按声明的价值赔偿，声明价值附加费不退。

（6）旅客的托运行李确定已丢失且需要赔偿时，临时生活用品补偿费应在赔偿金内扣除。已接受赔偿的旅客的丢失行李找到后，航空公司应迅速通知旅客将自己的行李领回，并请其退回全部赔偿款，但临时生活用品补偿费可不退。发现旅客有明显欺诈行为的，航空公司有权追回全部赔偿款。

（7）对于国际运输中国内航段的行李赔偿，按适用的国际运输行李赔偿规定办理。

行李全流程跟踪

长期以来，托运行李错运、漏运、丢失、破损现象一直是旅客出行的堵点、痛点问题。为此，民航局积极应用 RFID（无线射频识别跟踪技术）等新技术，推进实施行李从交运、安检、分拨、装卸、中转到提取的全流程跟踪，使旅客能够方便地在手机等移动终端及时获取行李信息，实现"安心出行、便利出行"。

民航局按照"一标两端"的工作思路，密集出台了一系列推进行李全流程跟踪系统建设的指导文件，明确了责任部门、时间节点和工作要求；组织编制了托运行李数据格式、接口等一系列标准；鼓励航空公司、机场根据自身实际为旅客提供个性化、特色化行李服务；编制行李公共信息平台认定办法，并按照办法确定中国航信"航易行"平台作为行业行李公共信息平台的职能，有效促进了全行业行李相关数据的交换与共享。

从行业的反馈来看，已完成机场端建设的机场行李差错率得到有效降低；航空公司、机场等通过及时获取行李位置与状态信息，大幅提高了行李运输准确率和准点率，避免因行李运输问题造成航班延误。此外，行业内还涌现了一系列针对提升托运行李信息化的创新应用，如北京首都机场集团公司针对集团旗下机场众多、类型多样的特点，制订了集团层面行李全流程跟踪平台建设方案；深圳宝安国际机场和北京大兴国际机场应用行李跟踪技术，为旅客提供了"行李到门"服务。

下一步，民航局将持续扩大行李跟踪服务的覆盖范围，在完成枢纽机场与公共信息平台全面对接的基础上，启动中小机场行李全流程跟踪服务机场端建设，以更全面的行李全流程跟踪服务进一步改善旅客航空出行体验。

资料来源：搜狐网，https://www.sohu.com/a/508485134_267106

任务实施

情景模拟——为旅客查找丢失的行李

实施步骤：

1. 根据本节"任务情景"中提供的相关信息，分析旅客苏青女士的行李属于哪一种情况，需要做哪些工作，以查询行李的下落。
2. 学生分为两组，一组扮演旅客苏青女士，另一组扮演工作人员。
3. 为苏青女士查找丢失的行李。
（1）核对苏女士信息，确认苏女士乘坐本次航班，确认苏女士有托运行李。
（2）根据苏女士的行李信息进行查找，填写相关表格，建立档案。
（3）向相关航站行李查询部门拍发少收行李电报。
（4）逾期未找到，应根据苏女士交付托运的行李重量计算赔偿金额。

任务评价

请根据表3-10对上述任务实施的结果进行评价。

项目三 机场值机服务与管理

表 3-10 任务实施评价表

考核内容	分值	自评分	小组评分	教师评分	实得分
与旅客沟通的态度诚恳，沟通流畅	10				
证件及票据查验准确、迅速，明确事故责任	20				
正确、迅速地填写相关行李事故记录，流程完整，书写规范	20				
留存相关凭证，填写表格，建立档案	20				
根据相关规定，正确、迅速地计算出应给付的行李赔偿金额	20				
与旅客沟通赔偿方案，取得旅客的认同	10				
总分	100				

任务六 掌握旅客登机与中转服务与管理

任务情景

张女士是一名有视力障碍的特殊旅客，原本计划与朋友同行，由丽江经北京中转至哈尔滨，因特殊原因迫不得已与朋友分开，只能独自乘坐另一航班由丽江前往南京中转。

知识讲解

一、旅客登机服务

（一）旅客登机服务概述

旅客开始登机的时间依据机型、航班停留或过站时间、航站保障能力等不同，一般为航班规定离港时间前20~40分钟。工作人员在登机环节应做好准备工作，巡视并提醒旅客所购买舱位的登机顺序。

一般来说，旅客的登机顺序依次为头等舱—公务舱—经济舱。头等舱旅客在与公务舱或经济舱旅客同时登机时应予以优先接待。重要旅客可提前登机，或在一般旅客登机完毕后登机。特殊旅客登机顺序可参照特殊旅客运输的相关规定。对于头等舱休息室和贵宾室的旅客，工作人员应引导其至登机口或提醒其登机。在旅客登机过程中，工作人员应逐一核实旅客登机牌并收取登机牌副联，必要时可查验客票。

航班计划离港前10分钟内若还有少数旅客未登机，工作人员应及时查找出这些旅客的姓名、托运行李件数和行李牌号，必要时应提前找出行李，以备在航班离港时间已到而旅客仍未出现时及时卸下行李。工作人员要尽量在规定离港时间前组织旅客完成登机。

（二）常用登机模式

1. 通过登机廊桥登机

登机廊桥，又称"空桥""登机桥"，是机场航站楼内的一种设施，从登机门延伸至飞机舱门，是旅客由候机厅登上飞机的通道。

当飞机靠近登机廊桥时，工作人员应引导旅客登机。引导员应走在第一名旅客的前面，将旅客引导到客舱门口，引导速度以大多数旅客能跟上为宜；工作人员应复撕每位旅客的登机牌和复查登机牌上的安检章，以防止登机口漏撕或非本次航班的旅客错乘；在各廊桥转弯处、楼梯口和登机路线不明处应有工作人员负责引导。

2. 乘坐机场摆渡车通过客梯登机

摆渡车是连接机场内候机厅和远机位飞机的唯一途径。由于机场飞机数量多而机位少，飞机有时会停留在远机位，这时旅客需要通过摆渡车到达停机坪，然后通过客梯登机。

当飞机停靠在远机位停机坪时，机场最少应安排两名引导人员带领旅客乘坐摆渡车至停机坪，随后引导旅客通过客梯登机。引导人员要密切注意旅客上、下摆渡车和客梯的安全。旅客登机完毕，引导人员与值机人员核对人数，再与乘务员核对总人数。引导人员在航班离港后20分钟方可离开工作岗位。

（三）旅客登机服务流程

1. 人工登机服务流程

人工登机服务的目的是组织出港航班旅客有序登机，确保航班登机人数准确及准点关舱门。

（1）岗前准备。送机服务人员应在航班规定起飞前45分钟携带手工行李条等业务用品到达航班登机口，做好旅客登机前的准备工作，包括回答旅客问询、引导特殊旅客等。

（2）下达允许登机指令和检票。在相关工作准备好及客舱清洁完毕，近机位的服务员、远机位的监管员接到机组上客的通知后，通过对讲机、内调电话等方式向相关岗位发出登机指令。收到登机指令后，工作人员及时把"登机"告示牌挂在登机动态栏内，并进行预备登机广播，通知旅客登机。登机口的检票工作开始后，工作人员开始检票和查验登机牌。

（3）组织登机。开始登机后，登机口服务人员每隔一定时间根据舱位顺序通知旅客登机,并安排头等舱旅客、商务舱旅客和特殊旅客优先登机。登机口服务人员应请旅客排成一纵队,并维持好登机口的秩序。

(4)查找特殊旅客。若特殊旅客没有登机,则登机口服务人员可通过广播的方式寻找旅客。

(5)接收行李处理信息。若遇行李无法装载、旅客决定取消行程等情况,相关工作人员应联系登机口服务人员,找出对应行李并进行处理。

(6)登机保障。登机口服务人员扫描登机牌,实施登机保障。乘坐摆渡车通过客梯登机的航班无须二次查验旅客登机牌,但需与机组核对登机人数。

(7)行李装卸。装卸员确认行李信息后,对行李进行装卸。

(8)最后登机广播。登机口控制人员根据差客信息实施广播查找,告知旅客最后登机时间,同时在登机口附近区域查找旅客,必要时通过旅客图像系统查实旅客外貌特征,实施各登机口联动查找。

(9)下达拉下指令。航班控制人员根据航班保障时间,做出拉下旅客的指令,对未登机或不符合登机条件的旅客实施拉下操作。

(10)打印旅客全页信息单。确认舱位无误后,登机口服务人员于航班预计起飞前15分钟打印旅客全页信息单。

(11)旅客全页信息单交接。登机口服务人员应在航班预计起飞前10分钟与机组交接旅客全页信息单,核对舱单人数与登机结束实际人数,并向调度员通报舱单交接情况。

(12)登机结束。登机口控制人员在确认所有旅客都已经登机后,与乘务长、廊桥员或客梯车司机办理关舱门、撤廊桥、撤客梯等事宜,并做好记录,待飞机滑行后方可离岗。

2. 自助登机服务

为提高旅客出行的便捷性和不断提升机场的服务品质,一些机场开始提供自助登机服务。旅客只要扫描登机牌上的相关信息,或扫描二代身份证便可自行完成通道验票。

(1)在航班允许登机,且自助登机通道条码阅读区的指示灯显示为绿色后,旅客可自助扫描登机牌上的一维或二维条码。

(2)自助登机系统确认旅客登机牌信息正确,将自动开启登机闸门,允许旅客通过。系统识别旅客离开自助登机通道区域后,自动在系统中将旅客记录为已登机旅客。

二、旅客中转服务

旅客中转服务是针对乘坐联程航班的旅客开展的一系列服务。一般情况下,若航空公司没有提供直达航班,或旅客出发当地没有开通直达的航线,则旅客只能选择中转。但有时因联程航班相较于直达航班价格低廉,旅客也会选择中转联程航班。

（一）旅客中转的准备工作

为确保中转服务的顺利开展，从事中转服务的工作人员需要认真做好相应的准备工作。

（1）查看中转旅客名单，了解转乘旅客人数。

（2）若因航班的延误而造成旅客转接续程航班的时间不够，应做好各种必要的应急准备，以帮助旅客迅速办理转机手续。

（二）旅客中转服务流程

1. 国内航班转国内航班服务流程

旅客在国内航班到达厅提取托运的行李后，即可在中转柜台办理联程航班的乘机手续。中转服务人员应按照国内旅客运输规定查验旅客的客票、证件后，为旅客办理登机牌和行李托运手续，然后指引旅客前往国内航班出发厅。中转服务人员的工作流程如下。

（1）根据外站传真或中转旅客信息查询系统，了解中转旅客的信息。

（2）航班到达后，引导旅客前往中转柜台办理转机手续、客票再证实等服务。

（3）复核中转旅客人数、行李件数及重量。

（4）交接中转旅客的行李。

2. 国内航班转国际航班服务流程

旅客到达中转站后，应自行认领托运行李，并在中转服务人员的帮助下，前往国际航班出发厅，经过联检（对出入境人员进行边防、海关、卫生检疫、动植物检疫联合检查）后，在国际中转柜台办理乘机手续。中转服务人员的工作流程如下。

（1）根据外站传真或中转旅客信息查询系统，了解中转旅客的信息。

（2）引导中转旅客办理联检手续。

（3）引导旅客到国际中转柜台，为旅客办理乘机手续、客票再证实等服务。

（4）集中行李，并在规定时间内将其运送到国际中转柜台，由国际中转柜台按时转交给旅客。

3. 国际航班转国内航班服务流程

旅客到达中转站，应在办妥相关的联检手续后，前往中转柜台。中转服务人员应按照国内旅客运输规定查验旅客证件、客票后，为旅客办理登机牌和行李托运手续，然后指引旅客前往国内航班出发厅登机。中转服务人员的工作流程如下。

（1）根据外站传真或中转旅客信息查询系统，了解中转旅客的信息。

（2）引导中转旅客办理联检手续。

（3）旅客出关后，引导旅客到国内中转柜台，为中转旅客办理转机手续、客票再证实服务。

（4）复核中转旅客的所有信息，包括人数、行李件数及行李重量。若发现实际到达的中转旅客信息不符，则应及时做出更改。若转机记录上有行李，但旅客未与中转柜台联系，则应在旅客转接的续程航班起飞前40分钟将从前站接收的该旅客的行李信息删除。若登机后发现缺少该旅客，则按出发航班无行李旅客未登机处理。若旅客在中转站未按照规定提取行李过海关，则工作人员应将该旅客的行李信息删除，并将行李移交行李查询部门处理。

（5）交接行李，做好交接记录并签字。

4. 国际航班转国际航班服务流程

一般情况下，"国际转国际"中转旅客只持有过境签证，到达中转站后，不能随意离开边防检查站监管的过境厅，旅客的乘机手续只能由中转服务人员协助办理；符合入境要求并且需要入境的旅客，由旅客本人自行办理入境的边防、海关及检疫检查手续，并在自行认领托运行李后，前往国际航班出发厅办理出境和联程航班乘机手续。中转服务人员的工作流程如下。

（1）根据系统数据、外站传真等，预先了解转机旅客信息。

（2）航班到达后，在到达大厅引导旅客通过联检，并检查旅客客票。

（3）为旅客换登机牌，同时查看旅客托运行李的件数及行李牌上标明的目的地。

（4）引导旅客办理出境或过境手续。

（5）核对完转机的行李件数和目的地后，与相关部门做好交接工作。

（6）复核中转旅客人数，中转行李的件数、重量。

知识角

便捷中转

为方便旅客中转，各航空公司为中转旅客开通了各种便捷中转服务产品。通过这些产品，旅客可享受快捷中转、行李免提等服务，在始发站即可办理直达目的地的登机牌、行李票，不需要在中转站再次办理后续航班乘机手续，使中转更加简单、方便。在开展中转服务时，中转服务人员应在航班到达前了解办理便捷中转的旅客及其行李信息，并进行记录，以便核对；航班到达后，中转服务人员接收办理便捷中转旅客的相关文件并进行核对，然后在分拣旅客的行李后，直接与装卸人员交接；旅客到达中转站后，中转服务人员需引导旅客前往中转厅，并核对旅客及其行李信息。

民航局印发《民航旅客中转便利化实施指南》

为提升民航的通达性、衔接度和运行效率，全面改善中转服务品质和旅客中转出行体验，民航局印发了《民航旅客中转便利化实施指南》（以下简称《指南》），在全行业推行国内旅客中转便利化服务，对旅客服务、行李服务、航班不正常处理等进行了详细规定。

针对旅客服务，《指南》提出，航空公司、机场、航空销售代理机构等相关单位在销售中转便利化服务产品或联程航班产品时，应明确告知购票人服务内容，包括客票购买与变更、免费行李额与逾重行李收费标准等相关信息；在旅客办理值机时，告知旅客可选择的一次支付、一次值机、一次安检、行李直挂等便捷服务，若遇航班不正常，应告知旅客行程变更信息及相关保障措施；在中转环节设置指引标识，合理安排地面服务人员提供指引服务等协助；机场应尽可能简化值机、安检、行李托运等中转流程，优化机场最短中转衔接时间，结合旅客需求与机场实际，推出快线中转、隔夜中转、跨航空公司中转等特色服务；提升信息化、网络化、数字化水平，确保相关主体快速获取中转旅客行李及航班信息。

针对行李服务，《指南》提出，航空公司、始发机场或地面服务代理机构应在值机柜台告知旅客中转便利化和联程航班服务内容，包括行李直挂服务、免费行李额、逾重行李收费标准与收费方式等相关信息；直挂行李在始发机场应拴挂相关标识，装机时尽量放置在机舱指定区域；直挂行李在中转机场转运时，航空公司、机场应协调相关保障部门做好托运行李转运服务；中转机场须收集联程航班托运行李影像信息，并留存至少21日。

针对航班不正常情况的处理，《指南》提出，若双方有特别约定的，按约定办理并提前告知旅客；其他情况下，应有专人负责处理相关服务事宜，按照前段或后段航班不正常明确双方责任。当托运行李运输过程中出现异常情况，若有特别约定，则按约定办理并提前告知旅客；针对目的地机场出现行李不正常等其他情况，服务提供方应及时通知旅客，并按照规章及合同约定的相关条款提供解决方案。

针对国内联程航班，《指南》特别提出，在提供中转便利化旅客服务的基础上，还需满足以下全部条件：① 开展跨航空公司业务合作的联程航班承运人应制订并公布相关运输条件；② 联程航班服务涉及的承运人、机场应在始发机场、中转机场安排专人或柜台提供指引、值机、行李托运、无忧中转、投诉受理等相关服务；③ 联程航班实行备案制，承运人、航空销售代理机构及网络销售平台不得将未经备案的联程航班产品以联程航班的名义进行销售。若联程航班目的地机场出现行李不正常，则联程航班后段承运人应按首问负责原则，按照保障协议先行提供解决方案并妥善处理，随后根据中转机场影像留存信息等资料做好责任划分和费用结算。

项目三 机场值机服务与管理

任务实施

情景模拟——为特殊旅客提供中转服务

实施步骤：
1. 学生分为两人一组，分别扮演旅客张女士和中转服务人员。
2. 根据"任务情景"中提供的相关信息，完成旅客中转服务。

任务评价

请根据表 3-11 对上述任务实施的结果进行评价。

表 3-11 任务实施评价表

考核内容	分值	自评分	小组评分	教师评分	实得分
做好中转服务准备工作	30				
及时、迅速为旅客办理中转手续	40				
为旅客提供服务的流程连贯流畅，服务态度良好，语言清晰	30				
总分	100				

自我检测

1. 常用的登机模式有哪些？
2. 人工登机的服务流程是什么？
3. 旅客中转的服务流程是什么？

民航之窗

厦航陈剑伟：地服"好大哥" 旅客"大后盾"

还未到值机柜台开放的时间，一个身影已经提前忙碌起来。只见他娴熟地调整着柜台上的显示屏，整理着隔离带……每一个细节，他都处理得井井有条。他就是厦航地服员工们最亲切的"好大哥"——陈剑伟。

"只要有'大哥'值班，我们就会觉得很安心。"谈到陈剑伟，同事们的评价总离不开一个"大拇哥"。无论哪种突发情况，只要有"大哥"在，似乎总能妥善解决。

雷雨频发的季节里，中转航班延误是个"老大难"问题。眼瞅着就要错过航班，陈剑伟带着急转旅客一路飞奔，总能在登机时间截止前让旅客顺利登机；在候机厅，看到无人陪伴的小朋友因害怕而哭泣，他就化身"临时爸爸"，细致入微、全程陪伴，满满的安全感让小朋友告别恐惧，脸上重新绽放纯真的笑容……就像一位"超级英雄"，陈剑伟总能在旅客最需要的时候出现，用行动诠释"贴心传递温暖"。

不仅在业务上是大家的楷模，陈剑伟在团队建设上也是一把好手。他积极参与带教工作，以"传、帮、带"的方式将自己多年积累的经验毫无保留地传授给新人。在管理上，他总能合理安排工作，提高团队效率。遇上天气原因导致的航班大面积延误，值机柜台围满了旅客，他总能快速协调好人手，合理分配、明确分工，有序引导旅客秩序，妥善处理旅客需求。

他还担任地服部的篮球队队长，带领整个团队心往一处想、劲往一处使，在公司篮球赛场上屡创佳绩。无论是业务上的难题，还是生活中的困扰，陈剑伟仿佛一位靠谱的老大哥，给予团队成员踏实与信任。

"作为一名地面服务人员，我能做的就是做好自己的本职工作，确保旅客平安愉快出行，帮助更多的旅客实现与家人和亲朋团聚，就是我在春运中最朴素的愿望。"这句话，或许就是他在岗奉献、努力拼搏的最好原因。

资料来源：中国民航网，http://www.caacnews.com.cn/1/6/202502/t20250214_1385169.html

项目学习效果综合测试

一、选择题

1. 一位旅客准备乘坐的国内宽体机航班起飞时间是 17 点 30 分，其最好在（　　）到达机场。

    A. 15 点　　　　　　　　　　B. 13 点
    C. 15 点 30 分　　　　　　　D. 14 点

2. 国内航班旅客乘机经常使用的有效证件不包括（　　）。

    A. 军官证　　　　　　　　　B. 居民身份证件
    C. 护照类证件　　　　　　　D. 退休证

3. 中国香港、澳门旅客在中国内地购买机票、办理乘机手续时需提供的有效证件是（　　）。

    A. 港澳同胞回乡证　　　　　B. 港澳居民往来内地通行证
    C. 护照　　　　　　　　　　D. 外国人永久居留身份证

4．国内航空旅客的免费行李额根据票价的不同有所差异，头等舱旅客为（　　）千克；公务舱旅客为（　　）千克；经济舱旅客为（　　）千克，持婴儿票的旅客不享受免费行李额。

  A．50、40、30　　　　　　　　　B．60、40、20
  C．100、80、50　　　　　　　　D．40、30、20

5．可以上下客梯，也可以自己进出客舱座位，服务起止于客机停机坪的轮椅旅客代码为（　　）。

  A．地面轮椅旅客　　　　　　　　B．客梯轮椅旅客
  C．WCHM　　　　　　　　　　　D．机上轮椅旅客

二、填空题

1．目前常用的值机方式主要有_____、_____、_____等。

2．根据运输责任的不同，行李可分为_____、_____、_____。

3．托运行李每件不能超过_____kg，体积不能超过_____，超过此规格则被称为"_____"，需要到大件行李柜台办理行李托运。

4．无成人陪伴儿童指年龄在_____周岁以上_____周岁以下的无成人陪伴的，单独乘机的儿童。

5．赵女士购买了从北京到南京的MU2802次航班的经济舱正价机票，票价为2 100元，她要托运的行李重量是28.5千克，应缴纳多少逾重行李费？请将计算结果填入逾重行李收费单（见图3-17）。

旅客姓名：　　　　　　　　　　旅客客票号：

航段	承运人	航班号	重量	费率	运费金额	声明价值附加费	合计
自							
至							
日期		经手人		盖章			

图3-17　逾重行李收费单

三、简答题

1．客舱座位的安排一般应遵循哪些原则？
2．不正常航班的处理操作有哪些？
3．简述轮椅旅客的服务流程。
4．简述旅客登机与中转服务流程。

项目四

机场安全检查服务与管理

项目导读

机场安全检查是乘坐民航飞机的旅客在登机前必须接受的证件、人身和行李物品的检查项目，是为了保证旅客自身安全和民用飞机飞行安全所采取的一项必要措施，这也是民航空防安全保卫工作的重要组成部分。随着民用航空的高速发展，民航安全面临着越来越大的考验，机场安检工作的要求也越来越高。

学习目标

知识目标

- 了解机场的安检部门及人员要求。
- 熟悉机场安检的对象。
- 掌握旅客安检的工作方法。

技能目标

- 能够将相关知识恰当地运用在安保或安检工作当中。
- 能够正确处理安检工作中发生的特殊情况。

素养目标

- 培养精湛的专业技能和严谨的工作作风。
- 增强大局意识、法治意识和安全责任意识，学习先进事迹榜样，以行动自觉强化责任担当。

项目四 机场安全检查服务与管理

任务一 熟悉机场的安检及保卫工作

任务情景

2024年，中国机场全年旅客吞吐量达到14.59亿人次。到2035年，中国将需要约450个机场。中国的民航旅客吞吐量将占到全世界的四分之一。如此庞大的民航客运规模，不仅预示着中国的航空市场前景一片光明，也对机场的安保工作提出了更高的要求。

知识讲解

一、机场不同区域的安保要求

（一）候机隔离区的安保要求

根据安全保卫的需要，机场内划定了一些进出受到限制的区域。这些区域被称为"机场控制区"，包括候机隔离区（见图4-1）、行李分拣装卸区、飞机活动区、维修区、货物存放区等。其中，候机隔离区是指根据安全需要，在航站楼内划定的供已经通过安全检查的出港旅客等待登机的区域。

图4-1 机场候机隔离区

候机隔离区应封闭管理，凡是与非隔离区相毗邻的门、窗、通道等部位，应采取有效的隔离措施。机场应配备与旅客吞吐量相适应的安检通道、安检人员和设备，确保所有进入候机隔离区的人员及物品经过安全检查。与此同时，机场应建立符合标准的安检信息管理系统，及时收集、存储旅客的安检信息。

已经通过安全检查的人员离开候机隔离区又返回的，应重新接受安全检查。已经通过安全检查和未经安全检查的人员不得相混或接触。若发生相混或接触，机场管理机构应采取以下措施。

（1）对相应隔离区进行清场和检查。

（2）对相应出港旅客及其手提行李再次进行安全检查。

（3）若旅客已进入飞机，则应对该飞机客舱进行安保搜查。

机场管理机构应制定相应的程序，确保乘坐入境航班在境内机场过站或转机的旅客及其行李，在未重新进行安全检查时，不得与其他出港旅客接触。但是，与中国签订互认航空安保标准条款的除外。

将安全检查业务外包的，机场管理机构应与服务提供商签订安保协议，并对候机隔离区实施有效控制。

 新闻台

男子强闯机场隔离区被处罚

2014年9月11日19时05分许，安检员小孟像往常一样在杭州萧山国际机场T3航站楼为旅客进行人身安全检查时突然发现，一名身着条纹T恤、绿色长裤的光头男子赤脚强行翻越20号安检通道外的隔离墙，进入机场隔离区，试图接近某位刚通过安全检查的女性旅客。发现此情况后，安检员小孟立即联合周围的同事上前将该男子制服，并将其移交机场航站楼派出所，避免了意外的发生。

经了解，该男子是一名在校生，来机场是为了送别一位去西安的同学。本想亲自将同学送到安检口，但由于时间上的疏忽，他在到达机场后，发现该同学已经通过安全检查进入隔离区了。由于觉得没能见到同学很遗憾，他一时冲动，就做出了之前愚蠢的举动。依据《中华人民共和国治安管理处罚法》的相关规定，该男子的行为系扰乱公共场所秩序，杭州机场公安对其处以200元的罚款。

来源：民航资源网，http://news.carnoc.com/list/293/293831.html

（二）机场非控制区的安保要求

机场公安机关应安排足够的警力在机场航站楼、停车场等公共区域巡逻。

航站楼的广播、电视系统应定时告知旅客和公众应遵守的基本安保事项。在航站楼内，售票处、值机柜台、安检通道等位置应设置适当的安保告示牌。

机场要客服务区域应采取适当的航空安保措施，防止未经授权的人员进入。航站楼内的售票柜台及其他值机设施的结构应能够防止旅客和公众进入工作区。所有客票和登机牌、行李牌等应予以航空安保措施，防止被盗或滥用。设在航站楼内的小件物品寄存场所，其寄存的物品应经过安全检查。

航站楼前的人行道应设置相应的安全防护设施，防止车辆冲击航站楼。航站楼地下不得设置公共停车场；已设有公共停车场的，应在入口处配置爆炸物探测设备，对进入的车辆进行安全检查。

无人看管行李、无人认领行李和错运行李应存放在机场的指定区域，并采取相应的航空安保措施。机场管理机构应组织制定对航站楼、停车场等公共区域发现的无主可疑物或可疑车辆的处置程序，并配备相应的防爆设备。

机场管理机构应对保洁员等航站楼内的工作人员进行培训，制定对航站楼内的卫生间、垃圾箱等隐蔽部位的检查措施，以及发现可疑物品的报告程序。

机场非控制区内可以俯视飞机和安检现场的区域，以及穿越机场控制区下方的通道，应采取以下措施：① 配备相应的视频监控系统，并安排人员适时巡查；② 设置物理隔离措施，防止未经许可的人员进入，以及避免其向停放的飞机、安保控制区域投掷物体等；③ 对可以观看到安全检查现场的区域应采取非透明隔离措施。

机场开放使用应满足的安保条件

（1）设有机场控制区及符合标准的防护围栏、巡逻通道，并配备专门的值守人员。

（2）派驻有机场公安机关，并配备与机场旅客吞吐量相适应的人员和装备。

（3）设有安全检查机构，并配备与机场旅客吞吐量相适应的人员和设备。

（4）设有专职消防组织，并按照机场消防等级配备人员和设备。

（5）制定有航空安保应急处置预案，并配备必要的设施设备。

（6）具有经审定的航空安保方案。

（三）机场要害部位的安保要求

机场的要害部位包括塔台（见图4-2）、区域管制中心、导航设施、机场供油设施、机场主备用电源，以及其他若遭受破坏将对机场功能产生重大不良影响的设施和部位。

对于机场的要害部位，应采取以下航空安保措施。

（1）对塔台、区域管制中心等对空指挥要害部位，应实行严密的航空安保措施，非工作需要或未经授权者严禁入内。

（2）对进入或接近要害部位的人员，应采取通行管制等航空安保措施。

（3）导航设施和其他要害部位应有足够的安全防护设施或人员保护。

（4）在威胁增加的情况下，应及时通知相关单位强化航空安保措施，并按应急处置预案做好备用设备的启动准备。

图 4-2　机场塔台

（四）机场外围的安保要求

机场的安全保卫是从飞行区的外围开始的。飞行区外围应设置栅栏（见图 4-3），重要地段要筑墙，栅栏或墙顶要装有铁丝网等让人无法攀登的金属结构；在栅栏的两旁要设有 3 米以上的隔离带，在隔离带中不能有任何建筑物和障碍物；位于僻静处的栅栏一般用电网和微波拦防，栅栏上有明显标志警告接近者。机场区域入口要尽量少，并且要有车辆及人员进出的自动识别系统，同时必须有人看守，有照明设施和报警系统，也要有能与安全控制中心联络的通信系统。

图 4-3　机场外围栅栏

项目四　机场安全检查服务与管理

新闻台

北京夫妻因误机闯首都机场停机坪拦飞机　被拘留 5 天

2016 年 9 月 14 日上午，从首都机场飞往上海虹桥机场的 CA1519 次航班比计划时间耽误了 20 分钟才起飞。究其原因，是一对夫妻因为误机，在航班登机时间截止后闯入了机场控制区，在飞机前试图阻拦飞机出港，欲逼迫飞机开舱门。航空公司和机场相关负责人到场劝说无果，最终二人被机场人员控制。后经了解得知，这两名旅客误机系个人原因，警方根据相关规定对二人处以行政拘留 5 天的处罚。

资料来源：环球网，https://m.huanqiu.com/article/9CaKrnJXEL9

说说让你印象深刻的机场安保事件。

二、机场安检部门与安检人员

机场安全检查简称"安检"，是民航空防安全保卫工作的重要组成部分，是国务院民用航空主管部门授权的专业安检队伍，为保障航空安全，依照国家法律法规对乘坐民航班机的中、外籍旅客及其行李、物品，航空货物、邮件进行的公开的安全技术检查，具有强制性和专业技术性。图 4-4 所示为机场安检人员正在对旅客进行人身检查。

图 4-4　机场安全检查

（一）机场安检部门

民用运输机场的管理机构通常会设立专门的安检部门从事民航安检工作。航空公司从事航空货物、邮件和进入相关航空货运区的人员、车辆、物品的安全检查工作的，也应设立专门的安检部门。

安检部门的运行应符合以下要求。

（1）具有符合民用航空安全保卫设施行业标准要求的工作场地、设施设备和民航安检信息管理系统。

（2）具有符合民用航空安全检查设备管理要求的民航安检设备。

（3）具有符合民用航空安全检查员定员定额等标准要求的民航安全检查员。

（4）具有符合《民用航空安全检查规则》《民用航空安全检查工作手册》要求的民航安检工作运行管理文件。

（5）符合民航局规定的其他条件。

（二）机场安检人员

机场的安检人员即民航安全检查员。从事民航安检工作的人员应符合以下条件：① 具备相应岗位民航安全检查员国家职业资格要求的理论和技能水平；② 通过民用航空背景调查；③ 完成民航局民航安检培训管理规定要求的培训。

安检员用心"守卫"机场安全

此外，对不适合继续从事民航安检工作的人员，民航安检部门应及时将其调离民航安检工作岗位。

民航安全检查员执勤时，应着民航安检制式服装，佩戴民航安检专门标志。民航安检制式服装和专门标志的式样和使用规范由民航局统一规定。民航安全检查员在执勤时不得从事与民航安检工作无关的活动。X射线安检仪操作员连续操作仪器的时间不得超过30分钟，再次操作X射线安检仪的间隔时间不得少于30分钟。

民航安检现场值班领导岗位管理人员应具备三级以上民航安全检查员国家职业资格要求的理论和技能水平。

尽忠职守

"你所不知道的机场"之安检：一天蹲起超千次

"先生，请抬起双臂。"一男性旅客站在安检台上，安检员手持安检仪从上到下检查。安检仪紧贴旅客的衣服扫描着，凡是发出声响的地方，安检员都会用手触碰一下。"请转身。"旅客转身后，安检员又一次从上到下检查。蹲下、站起，每检查一名旅客，安检员需要蹲起两三次。

项目四 机场安全检查服务与管理

每个安检通道每天有一千多人的客流量,在人身检查这个环节上,每名安检员每天需要蹲起两三千下。为了保证第二天小腿不水肿,晚上回到家后,他们会把腿搭到墙上,倒立10分钟,从而保证下个班能正常工作。

资料来源:民航资源网,http://news.carnoc.com/list/306/306359.html

结合自身,谈谈要想成为一名机场安检人员,还需要在哪些方面下功夫。

三、机场安检的对象

机场安全检查工作由机场安检部门按照相关法律、行政法规和民用航空安全检查规则实施,其对象为乘坐国际、国内航班的中外籍旅客及其携带的行李物品,进入机场隔离区的人员及其携带的物品,货主委托民航空运的货物、邮件(经国家特别准许者除外)等,目的是防止危险品被带上或装载上飞机,保障民航飞机和旅客的生命财产安全。

(一)旅客及其行李物品

旅客及其行李物品的安全检查包括证件检查、人身检查、随身行李物品检查、托运行李检查等。安全检查的方式包括设备检查、手工检查及民航局规定的其他安全检查方式。

禁止旅客随身携带或托运的物品

一、枪支、军用或警用械具(含主要零部件)

枪支、军用或警用械具包括以下几类物品。

(1)军用枪、公务用枪:手枪、步枪、冲锋枪、机枪、防暴枪等。

(2)民用枪:气枪、猎枪、运动枪、麻醉注射枪、发令枪等。

(3)其他枪支:样品枪、道具等。

(4)军械、警械:警棍、军用或警用匕首、刺刀等。

(5)国家禁止的枪支、械具:钢珠枪、催泪枪、电击枪、电击器、防卫器等。

(6)上述物品的仿制品。

131

二、爆炸物品

爆炸物品细分为以下几类。

（1）弹药类：炸弹、手榴弹、照明弹、烟幕弹、信号弹、催泪弹、毒气弹和子弹（空包弹、战斗弹、检验弹、教练弹）等。

（2）爆破器材：炸药、雷管、导火索、导爆索、非电导爆系统、爆破剂等。

（3）烟火制品：礼花弹、烟花、爆竹等。

（4）上述物品的仿制品。

三、管制刀具

管制刀具是指匕首、三棱刀、弹簧刀（跳刀）及其他类似的单刃、双刃和三棱尖刀等。少数民族由于生活习惯佩带、使用的藏刀、腰刀、靴刀等也属于管制刀具。旅客携带此类刀具在少数民族区域内乘坐飞机时，可将其暂时移交机组保管。

四、易燃、易爆物品

易燃、易爆物品包括：① 氢气、氧气、丁烷等瓶装压缩气体、液化气体；② 黄磷、白磷、硝化纤维（含胶片）、油纸及其制品等自燃物品；③ 金属钾、钠、锂、碳化钙（电石）、镁铝粉等遇水燃烧物品；④ 汽油、煤油、柴油、苯、乙醇（酒精）、油漆、稀料、松香油等易燃液体；⑤ 过氧化钠、过氧化钾、过氧化铅、过氧乙酸等各种无机、有机氧化剂。

五、毒害品

毒害品包括氰化物、剧毒农药等剧毒物品。

六、腐蚀性物品

腐蚀性物品包括硫酸、盐酸、硝酸、有液蓄电池、氢氧化钠、氢氧化钾等。

七、放射性物品

放射性物品包括放射性同位素等。

八、其他危害飞行安全的物品

其他危害飞行安全的物品包括可能干扰飞机上的各种仪表正常工作的强磁化物，以及有强烈刺激性气味的物品等。

（二）航空货物及航空邮件

航空货物应依照航空货物安检要求通过民航货物安检设备检查。检查无疑点的，安检部门应加注验讫标识放行。对民航货物安检设备检查有疑点、图像不清或图像显示与申报不符的航空货物，安检部门应采取开箱包检查等措施，排除疑点后加注验讫标识放行。无法排除疑点的，应加注退运标识做退运处理。开箱包检查时，托运人或其代理人应在场。对单体超大、超重等无法通过航空货物安检设备检查的航空货物，装入飞机前应采取隔离停放至少 24 小时的安全措施，并实施爆炸物探测检查。

项目四 机场安全检查服务与管理

航空邮件应依照航空邮件安检要求通过民航货物安检设备检查，检查无疑点的，安检部门应加注验讫标识放行。航空邮件通过民航货物安检设备检查有疑点、图像不清或图像显示与申报不符的，安检部门应会同邮政企业采取开箱包检查等措施，排除疑点后加注验讫标识放行。无法开箱包检查或无法排除疑点的，应加注退运标识退回邮政企业。

首都机场安检部门在邮件中查获夹带鹿角

首都机场的货运安检部门曾在一票由北京发往大阪的邮件中查获6只鹿角，严厉地打击了走私行为。

2016年9月4日，首都机场安检员小白在执行安检任务时，发现X射线安检仪的屏幕呈现出疑似动物角的可疑图像，本着"不排除疑点不放过"的原则，小白按照"三人开包制"要求，同邮件代理人和开箱（包）检查员小鹏实施了开包检查。经开检，他们在邮件中查出夹带的鹿角6只。该票货物申报品名为邮件，却在其中夹带鹿角，属于伪报邮件信息。小白随即将情况上报值班领导，并对相关代理人的证件及鹿角实施扣留，最终交机场海关处理。

资料来源：民航资源网，http://news.carnoc.com/list/366/366177.html

（三）其他人员、物品及车辆

进入民用运输机场控制区的其他人员、物品及车辆，应接受安全检查。拒绝接受安全检查的，不得进入民用运输机场控制区。对其他人员及物品的安全检查方法和程序，应与对旅客及其行李物品的检查方法和程序一致，有特殊规定的除外。

1. 进入机场控制区的人员

工作人员进入机场控制区，必须佩戴机场控制区通行证，并接受安检人员的检查，如图4-5所示。机场控制区通行证由民航公安机关按照国务院民用航空主管部门的相关规定制发和管理。民用航空监察员凭民航局或地区管理局颁发的通行证进入机场控制区。持机场控制区一次性通行证的人员，应在发证机构指定人员的引领下进入机场控制区。

执行飞行任务的机组人员进入民用运输机场控制区的，安检部门应核查其民航空勤通行证件和民航局规定的其他文件，并对其人身及物品进行安全检查。图4-6所示为安检人员对机组人员实施安检。

133

民航地面服务与管理

图 4-5　安检人员查验机场工作人员通行证

图 4-6　安检人员对机组人员实施安检

 新闻台

使用伪造机场控制区专用通行证　男子被拘 10 天

　　辽宁机场公安沈阳机场分局航站楼派出所处理了一起伪造机场控制区专用通行证案件，违法嫌疑人房某被处行政拘留 10 天的处罚。

　　2017 年 8 月 28 日，房某来到沈阳机场 T3 航站楼接人。为了显得有面子，他想开车进入航站楼一楼门前专用车道。房某提前准备了一张伪造的"机场控制区专用通行证"，企图蒙混过关，不料被机场保卫员工当场识破并报告机场公安机关。迎接他的不是抬杆放行，而是 10 天的行政拘留。

资料来源：中国青年网，
https://t.m.youth.cn/transfer/index/url/news.youth.cn/jsxw/201708/t20170829_10606229.htm

2. 进入机场控制区的车辆

　　对进入民用运输机场控制区的车辆，安检部门应核查车辆通行证件，并对其车身、车底、驾驶员、搭乘人员及车上所载物品进行安全检查。在机场控制区内行驶的车辆应按照划定的路线行驶，并在划定的位置停放。

　　对于运输航空配餐和机上供应品的车辆，安检部门应核查车厢是否锁闭，签封是否完好，签封编号与运输台账记录是否一致。必要时可以进行随机抽查。

 知识角

机场控制区通行证种类

　　（1）民航系统统一制作的证件，包括空勤登机证、中国民航公务乘机通行证、航空安全员执照、中国民用航空总局特别工作证等。

项目四　机场安全检查服务与管理

(2) 民航各机场制作的证件，包括民航工作人员通行证、联检单位人员通行证、外部人员通行证、专机工作证、包机工作证等。

(3) 其他人员通行证件，包括押运证、军事运输通行证、侦察证等。

(4) 车辆通行证。

3. 进入机场控制区的工具、原料及物品

民用运输机场管理机构应对进入民用运输机场控制区的商品进行安全备案，并进行监督检查，防止进入民用运输机场控制区内的物品危害民用航空安全。安检部门应核对物品清单是否和民用运输机场物品安全备案目录一致，并对其进行安全检查。

对进入民用运输机场控制区的工具、物料或器材，安检部门应根据相关单位提交的工具、物料或器材清单进行安全检查、核对和登记，带出时予以核销。工具、物料和器材中含有民航禁止运输物品或限制运输物品的，安检部门应要求其同时提供民用运输机场管理机构同意证明。机场控制区内使用的刀具等对航空安全有潜在威胁的物品，应编号并登记造册。

 新闻台

为满足虚荣心　一男子多次冒充乘务员坐飞机

24岁的男子张某，伪造证件冒充国航乘务员，多次进入机场隔离区并乘坐飞机。2007年8月，其因涉嫌犯伪造国家机关证件罪被起诉至法院。

在此前的两年时间内，张某使用伪造的中国民航空勤登机证，身穿国航乘务员制服、佩带航空空勤人员证件，多次进入首都机场及其他外地机场隔离区并乘坐飞机。公安民警将张某抓获后，起获其伪造的民航局和中国国际航空公司的相关公章、国航乘务员制式手提箱、相关制服等物品。经鉴定，上述印章及证件等均属伪造。

张某称，他的目的是让父母和亲戚们认为他是航空乘务员，以满足自己的虚荣心。

根据《中国民用航空安全检查规则》的规定，空勤人员登机时，应查验其《中国民航空勤登机证》。加入机组执行任务的非空勤人员，应持有《中国民航公务乘机通行证》和本人工作证（或学员证）。

民航专业人士表示，民航相关工作人员通过办理专门手续，可享有免费乘机的待遇。一般来说，加入机组执行任务的空勤人员，应持有有效的空勤登机证、公务乘机证或工作证，经运输控制中心签派，将其列入《飞行任务书》中，并按照所列班次执行飞行任务。在首都机场，此方面的规章制度、程序和手续非常严格，机组人员是从员工通道通过安检的，针对他们的安检内容、程序与对普通旅客的要求一样，同时会要求其出示空勤登机证。

该人士表示，现在网络上有许多出售飞行制服或伪造证件的人员，为作假提供了便利。安检部门应加大查验力度，并增加空勤登机证的防伪措施。

资料来源：民航资源网，http://news.carnoc.com/list/100/100827.html

四、机场安检的工作原则

（一）安检第一，严格检查

确保安全是安全检查的宗旨和根本目的，而严格检查则是实现这个目的的手段和对安检人员的要求。所谓严格检查，就是严密地组织勤务、执行各项规定、落实各项措施，本着对国家和旅客高度负责的精神，牢牢把好安全技术检查、飞机监护等关口，切实做到证件不符不放过、X射线机图像判断不清不放过、开箱（包）检查不彻底不放过，以确保飞机和旅客的安全。

（二）坚持制度，区别对待

国家的法律、法规及有关安全检查的各项规章制度和规定，是指导安全检查工作实施和处理各类问题的依据，安检人员必须认真贯彻执行，做到有法必依、有章必循。同时，安检人员还应根据特殊情况和不同对象，在不违背原则和确保安全的前提下，灵活处置各类问题。通常情况下，安检人员对各类旅客实施检查时既要一视同仁，又要主次区别、明确重点、有所侧重。

（三）外松内紧，机智灵活

"内紧"是指安检人员要有敌情观念，要有高度的警惕性、责任心及严密的检查程序，要有处置突发事件的应急措施等，使犯罪分子无空可钻。"外松"是指安检人员检查时要做到态度自然，沉着冷静，语言文明，方式讲究，步骤有序。机智灵活是指面对错综复杂的情况时，安检人员要有敏锐的观察能力和准确的判断能力，善于分析问题，从受检人员的言谈举止、行装打扮和神态表情中发现蛛丝马迹，不遗漏任何可疑人员和物品。

（四）文明执勤，热情服务

机场是地区和国家的窗口，安全检查是机场管理和服务工作的一部分。安检人员要树立全心全意为旅客服务的思想，要做到检查规范、文明礼貌；要做到着装整洁、仪表端庄、举止大方、说话和气，"请"字开头，"谢"字结尾；要做到尊重不同地区、民族民众的习惯，同时要在确保安全、不影响正常工作的前提下尽量为旅客排忧解难。对伤、病、残旅客予以优先照顾，不伤害旅客的自尊心；为孕妇、儿童、老年旅客尽量提供方便，给予特殊照顾。

项目四 机场安全检查服务与管理

人民至上

成都双流国际机场安检站：打造真情服务，温暖旅途

近年来，成都双流国际机场（以下简称"双流机场"）安检站一方面以敬畏之心严格按照规章手册操作；另一方面主张突破职责，倾听内心的声音，在职责之外追寻旅客服务的人性之美，以真心换真情，以真情动人心，塑造良好的服务形象，为旅客出行带去更加舒心的服务体验。

为自己找"麻烦"已成为双流机场安检人员的一种工作态度。当班勤务结束，值班遗失物品移交员完成移交工作后，安检员还会赶到航站楼快递中心，将旅客乘机无法随身携带的限制物品分别打包邮寄，并将快递单号一一发给旅客。这就是双流机场安检站推出的"找'麻烦'"系列服务举措之一。安检员的小"麻烦"为旅客解决了大"问题"，这项举措获得了旅客的一致好评。

此外，双流机场还为广大女性旅客设立了女性专用安检通道，为女性旅客提供更为私密的检查空间，保护女性旅客隐私，避免女性旅客脱掉外衣检查时的种种尴尬。同时，安检通道还配备了专人，在前端提醒女性旅客提前做好相应准备，也对不小心误入队伍的男性旅客做好宣传引流。不仅如此，安检员们集思广益，创新推出了"丝巾服务"，让女性旅客的安检更加方便，使尴尬变成了温馨的VIP服务享受。

想旅客所想，急旅客所急。双流机场安检站坚持将旅客服务工作放在心上，抓在手上，引领员工牢固树立"全心全意为旅客服务"理念，主动思考旅客服务各个环节存在的瑕疵、不足，多做一些"不应"，多为自己找"麻烦"，让旅客出行多一分便利。

资料来源：中国民航网，
http://www.caacnews.com.cn/1/5/202010/t20201014_1311866.html

任务实施

机场安全保卫工作的调查分析

实施步骤：

（1）学生分为若干小组，到当地机场进行调研，了解机场安全保卫工作的相关信息。

（2）学生汇总所收集的资料，撰写分析报告。

（3）每组选派1名代表上台汇报调研情况。

任务评价

请根据表 4-1 对上述任务实施的结果进行评价。

表 4-1　任务实施评价表

考核内容	分值	自评分	小组评分	教师评分	实得分
熟悉机场不同区域的安保要求	20				
熟悉机场安检部门及安检人员配备情况	25				
熟悉机场安检的对象	25				
任务资料收集丰富，小组协作良好	15				
讲解条理清晰，观点表达明确，逻辑清楚	15				
总分	100				

自我检测

1. 机场候机隔离区的安保要求有哪些？
2. 机场安检的对象有哪些？

任务二　掌握旅客安检的工作方法

任务情景

经过培训与考核，小李正式成为了一名机场安检员。他已经掌握了民航安全检查员必备的理论知识，正跃跃欲试，想在工作中大显身手。一天，他通过 X 射线安检仪，发现旅客携带的行李中可疑物品。小李决定告知开箱（包）检查员，对这件行李实施开包检查，查验该物品是否为违禁品。

知识讲解

一、证件检查

旅客证件检查是安全检查工作的第一个环节。证件查验员负责对乘机旅客的有效身份证件和登机牌进行核查，识别冒名顶替和涂改、伪造证件，以及使用其他无效证件的旅客。

（一）证件检查的程序

（1）人、证对照。证件查验员接到证件后，要注意观察持证人的五官特征，核对证件上的照片与持证人的面貌是否相符，如图4-7所示。

图4-7　证件检查

（2）核对"三证"。一是核对旅客的登机牌和证件上的相关信息是否与客票信息一致；二是查看证件是否有效，同时核查持证人是否为查控对象。

（3）扫描旅客的登机牌，自动采集并存储旅客的相关信息。

"人脸识别"过安检

（4）查验无误后，按规定在登机牌上加盖验讫章放行。验讫章实行单独编号、集中管理，落实到各班组使用。安检验讫章不得带离工作现场，遇有特殊情况需带离时，必须经安检部门值班领导批准。

在查验旅客证件的过程中，待检区的维序员要协助证件查验员维持好"一米黄线"的秩序和待检区的公共秩序；负责旅客安检问题的释疑，落实"首问责任制"；加强巡视，观察待检区人员动态，注意发现可疑人员及可疑行李物品；协助运输部门做好超大手提行李的管控。

智慧无感出行服务让安检更高效

2025年，成都双流国际机场T1航站楼经提质改造后，为旅客带来了更快捷、更方便的出行体验。新一代智能安检闸机的投放让旅客刷脸即可完成安检验证。旅客通行时间从55秒缩短至10秒，实现了快速安检。

航站楼还配备了毫米波人体成像安全检查设备。旅客仅需站立在指定位置，张开双臂稍做停留，系统便能迅速呈现检测结果。该设备结合人工智能技术，能够自动分析可疑物品，提高了安检工作的精准度，有效拓展了识别范围，全方位保障了安检流程的完整性与可追溯性。安检效率的提高不仅能有效缓解安检人员的工作压力，还减轻了由排队等候和烦琐检查流程为旅客带来的不适感。

资料来源：新华网，
http://www.sc.xinhuanet.com/20250219/938f9a60eb0941c7863ebdcd4e019124/c.html

（二）特殊情况处置

证件查验员在发现旅客的证件存在问题时，首先要将旅客的证件掌握在手中，并密切关注旅客，同时联系值班领导；等值班领导到达后，向其进行说明，并将相关手续及旅客转交值班领导进行处理。

1. 涂改、伪造、变造、冒名顶替证件的处理方法

旅客持涂改、伪造、变造、冒名顶替证件乘机是违法行为，一经发现，应立即报告值班领导，做好登记，移交机场公安机关审查处理。境外人员非法持有国内居民身份证件的，也应移交机场公安机关处理。

若上述旅客年龄已高（以法定离退休年龄为基准），经机场公安机关查明，证实其身份且无前科，在收缴其非法证件并依法处罚后，可视情况由安检部门对其实施严格的安全检查，准予乘机。

2. 过期证件的处理方法

旅客所持居民身份证过期时间不到 6 个月的，可予以放行，否则不予放行。旅客所持临时居民身份证过期 15 天以内的，经值班领导批准可予以放行，超过 15 天的不予放行。

3. 旅客因故不能出示居民身份证件的处理方法

旅客因故不能出示居民身份证件，但旅客持有其他允许的乘机证件，可予以放行；否则，应交由值班领导处理。

 新闻台

冒用身份证乘机　被罚 200 元

2014 年 1 月 16 日，20 岁女孩小许在南京禄口机场办理乘机手续时，工作人员发现其使用的是一张男性居民身份证。后经工作人员询问得知，小许在江苏打工，准备乘机返回老家昆明。但是，当她买完机票后，却发现自己的身份证找不到了。为了回家，小许借用了表哥的身份证办理乘机手续，企图蒙混过关。最后，根据相关规定，机场公安对小许做出罚款 200 元的行政处罚。

项目四 机场安全检查服务与管理

> 其实,像小许这样找不着身份证又着急回家的旅客,可以到航站楼的机场派出所办理"临时乘机证明"。该证明的有效期为7天,每张证明需交纳40元费用。若乘机人能提供带有身份证号的证件,如医保卡、身份证复印件等,3分钟即可完成"临时乘机证明"的办理。
>
> 资料来源:人民网,http://travel.people.com.cn/n/2014/0122/c41570-24189959.html

二、物品检查

旅客在经过证件检查后,会有前传检查员负责协助查验旅客的登机牌是否加盖验讫章,并对旅客随身携带行李的件数、体积、重量等进行把关,对于不符合要求的行李,会请旅客办理托运手续。然后,安检人员会请旅客将身上的物品掏出放入托盘内,将托盘放在X射线安检仪传送带上进行检查,引导旅客有序通过安全门,并配合人身检查员,把握旅客通过安全门的速度。与此同时,根据证件查验员的示意,前传检查员会告知X射线安检仪操作员和人身检查员需要重点检查的行李物品和对象。

安检员练就堪比
X光机的火眼金睛

X射线安检仪操作员应按操作规程正确使用安检仪器,集中精力,认真观察X射线安检仪的屏幕,仔细辨认监视器上受检行李(货物、邮件等)图像中的物品形状和种类(见图4-8),识别违禁品,对图像模糊不清或有疑点的物品要重新进行检查,或告知开箱(包)检查员实施手工检查,并将需要开箱(包)检查的行李(货物、邮件等)及重点检查部位准确无误地告知开箱(包)检查员。

图4-8 使用X射线安检仪检查行李物品

141

民航地面服务与管理

📰 新闻台

凤凰国际机场引进CT安检机助力安检员辨别违禁品

2017年，三亚凤凰国际机场引进了CT安检机，对旅客在T2航站楼办理托运的行李进行复检。CT安检机的引进，标志着三亚凤凰国际机场的托运行李安检判图（通过图像分析技术识别和判断安检设备扫描出的图像）进入了"三维"时代，意味着三亚凤凰国际机场向着安全检查信息化、智能化建设迈出了坚实的步伐，为三亚凤凰国际机场旺季的生产保障工作构建起一道安全屏障。

与传统的X射线安检仪相比，CT安检机在工作原理及使用性能方面有着质的飞跃。该设备集合了先进的数据采集技术、专利技术、高分辨率三维成像技术及爆炸物自动探测技术，在对托运行李进行检测时可显示高清晰度、全体积、360度全方位旋转的三维过检图像，图像显示层次清晰、立体感强，有助于提升安检员辨别违禁品的能力。

资料来源：三亚市人民政府网，
http://www.sanya.gov.cn/sanyasite/syyw/201712/3656a9c4e0db48cca298e8631c44cdd9.shtml

三、人身检查

（一）人身检查的程序

人身检查是采用仪器和手工相结合的方式，对旅客人身进行安全技术检查。其目的是防止旅客在登机时身上藏匿危险品、违禁品和限制物品，保障民用飞机及其所载人员的生命财产安全。

人身检查

所有乘机的旅客都必须通过金属探测门（俗称"安全门"）的检查（政府规定的免检者除外）。安全门前的引导员应提醒旅客取出随身物品（包括香烟、钥匙和手机等），引导旅客依次通过安全门。若安全门报警，民航安全检查员应请旅客重新通过安全门或以手工人身检查的方法进行复查，排除疑点后方可放行，如图4-9所示。旅客放入托盘中的物品，应通过X射线安检仪进行检查，若物品不便进行X射线检查，要采用摸、掂、试等方法检查其是否藏匿违禁品。

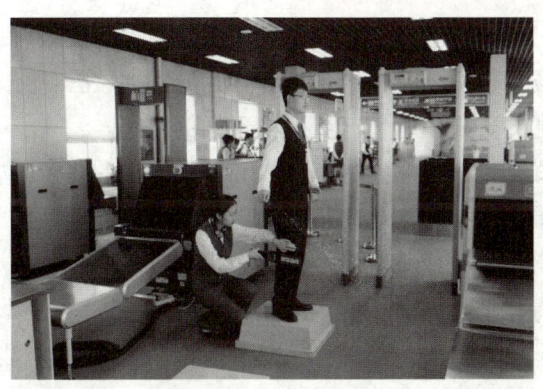

图 4-9　人身检查

> **知识角**

金属探测门

金属探测门（见图 4-10）具有视觉警报和声音警报功能，视觉警报显示装置可以按通过物品的金属比例发出条形的视觉警报，无论环境光线如何，都可确保在 5 米范围内清晰显示，当信号低于报警限界值时显示为绿色，高于报警限界值时显示为红色。金属探测门配备有声音警报信号调节装置，可以调节报警的持续时间、音调和音量。此外，金属探测门对心脏起搏器佩戴者、体弱者、孕妇、磁性媒介和其他电子装置无害，符合安全标准。

图 4-10　金属探测门

（二）人身检查的重点对象

（1）精神恐慌、言行可疑、伪装镇静的旅客。

（2）冒充熟人、假献殷勤、接受检查过于热情的旅客。

（3）表现不耐烦、催促检查或言行蛮横、不愿接受检查的旅客。
（4）窥视检查现场、探听安全检查情况等行为异常的旅客。
（5）在航班已经通知登机后匆忙赶到安检现场的旅客。
（6）公安部门及安全检查站掌握的嫌疑人和群众提供的有可疑言行的旅客。
（7）上级或相关单位通报的来自恐怖活动频繁的国家和地区的旅客。
（8）着装与其身份不相符或不合时令的旅客。
（9）男性中年或青壮年旅客。
（10）根据空防安全形势的需要，有必要采取特别安全措施航线的旅客。
（11）有国家保卫对象乘坐的航班的其他旅客。
（12）检查中发现有其他可疑问题的旅客。

课堂互动

你认为还有哪些体貌特征和行为举止的旅客应成为安全检查的重点对象？

（三）手工人身检查的顺序及重点部位

安检人员进行手工人身检查时，通常需要配合使用手持金属探测器。手工人身检查的基本顺序为由上到下，由里到外，由前到后，具体顺序如下：① 前衣领—右肩—右大臂外侧—右手—右大臂内侧—腋下—右上身外侧—右前胸—腰、腹部—左肩—左大臂外侧—左手—左大臂内侧—腋下—左上身外侧—左前胸—腰、腹部；② 右膝部内侧—裆部—左膝部内侧；③ 头部—后衣领—背部—后腰部—臀部—左大腿外侧—左小腿外侧—左脚—左小腿内侧—右小腿内侧—右脚—右小腿外侧—右大腿外侧。

手工人身检查的重点部位包括头部、肩胛、胸部、手部（手腕）、臀部、腋下、裆部、腰部、腹部和脚部。

知识角

手持金属探测器

手持金属探测器（见图4-11）用于探测人身携带的或包裹、行李、信件、织物内所含的武器、炸药或小块金属物品。

图4-11　手持金属探测器

手持金属探测器属小型电子仪器，使用时应轻拿轻放，以免损坏仪器；仪器应由专人保管，注意防潮、防热，并应使用微湿柔软的布进行清洁。

（四）手工人身检查的要点及注意事项

使用手持金属探测器检查时，可通过手持金属探测器和手结合的方法，按照规定程序对旅客实施人身检查。将手持金属探测器顺着身体的自然形状移动，金属探测器所到之处，人身检查员应配合用另一只手以摸和按压的动作来感觉出与旅客的身体或衣物不贴合的物品。若手持金属探测器报警，人身检查员应配合触摸报警部位进行复查，以判断引发报警的物品性质，同时请旅客取出物品进行检查。旅客取出物品后，人身检查员应对该报警部位进行复查，确认无误后，方可进行下一步检查。

在进行手工人身检查的过程中，人身检查员需注意以下几点。

（1）进行人身检查时，检查员的双手掌心要切实接触旅客的身体和衣服，因为手掌心面积大且触觉较敏锐，有利于及时发现藏匿的物品。

旅客藏匿违禁物品
意图躲避机场安检

（2）不可只查上半身不查下半身，特别要注意检查重点部位。
（3）对旅客从身上掏出的物品，应仔细检查，防止夹带危险品。
（4）检查过程中，要不时观察旅客的表情，防止发生意外。
（5）对女性旅客的安全检查，必须由女性安检员实施。

  知识角

移位人身检查法

移位人身检查法是指在对旅客进行人身检查时，人身检查员按规定的方法，主动完成从前到后的人身检查程序。这种方法可以使旅客在检查的过程中避免转身，能够始终面对自己的行李物品。移位人身检查法是一种从方便旅客的角度出发的人身检查方法。

在使用移位人身检查法时，人身检查员应请旅客面向行李物品站立，提醒旅客照看好自己的行李物品，并从旅客正面开始实施人身检查。在完成旅客前半身的人身检查程序后，主动转至旅客身后，实施旅客背面的人身检查。检查完毕，人身检查员应提醒旅客携带好自己的行李物品，然后回到原检查位置进入待检状态。

（五）特殊情况处置

（1）对拒不接受安全检查的旅客，可拒绝其登机。
（2）对经过人身检查仍不能排除疑点的旅客，可将其带至安检室进行从严检查。从严检查应报告安检部门值班领导批准后方可进行，必须由两名以上与旅客同性别的检查员实施。从严检查应做好记录，并注意监视检查对象，防止其行凶、逃跑或毁灭证据。

（3）在检查过程中，发现旅客隐匿携带枪支弹药、管制刀具、爆炸物品等，应控制人和物，并一起移交公安机关处理。

新闻台

安检员"火眼金睛"识别旅客隐匿携带刀具

2016年7月25日，厦门机场T4航站楼安检人员正井然有序地检查着乘机旅客的人身及随身行李。11时左右，J检查通道安全员发现一名男性旅客神情紧张，这引起了他的注意。随即，这名安检员针对该旅客进行了仔细的检查，发现其皮带扣有异常情况，如图4-12所示。

图4-12　异常的皮带

安检员就此询问旅客，旅客声称这就是一条普通的皮带。但安检员仔细检查后发现，皮带扣的一侧长且尖锐，并隐藏在皮带内侧，由此表明皮带扣实则为一把尖刀。安检员在对该旅客及其随身行李实施重点检查后，将其移交给值班领导处理。

资料来源：民航资源网，http://news.carnoc.com/list/356/356351.html

知识角

液态物品的乘机规定

《民用航空安全检查规则》中明确了液态物品包括液体、凝胶、气溶胶等形态的物品。其包括但不限于饮料、糖浆、酱汁、酱膏、盖浇食品和汤类食品，乳液、香水、睫毛膏、唇彩和唇膏，油类，发胶和沐浴胶等凝胶类物品，剃须泡沫、其他泡沫和除臭剂等高压罐装物品，牙膏等膏状物品，以及室温下黏稠度类似的其他物品。

若旅客乘坐的是国际、地区航班，液态物品应盛放在单体容积不超过100毫升的容器内随身携带。与此同时，盛放液态物品的容器应置于最大容积不超过1L，可重新封口的透明塑料袋中。每名旅客每次仅允许携带1个透明塑料袋，超出部分应作为行李托运。

若旅客乘坐的是国内航班，液态物品禁止随身携带（航空旅行途中自用的化妆品、牙膏及剃须膏除外）。航空旅行途中，自用的化妆品必须同时满足3个条件（即每种限带1件、盛放在单体容积不超过100毫升的容器内、接受开瓶检查），方可随身携带，牙膏及剃须膏每种限带1件且不得超过100 g（mL）。旅客在同一机场控制区内由国际、地区航班转乘国内航班时，其随身携带入境的免税液态物品必须同时满足3个条件（即出示购物凭证、置于已封口且完好无损的透明塑料袋中、经安全检查确认），方可随身携带，若在转乘国内航班的过程中离开机场控制区，则必须将随身携带入境的免税液态物品作为行李托运。

资料来源：东方网，http://mini.eastday.com/bdmip/171214150732864.html#

四、开箱（包）检查

开箱（包）检查是安全检查工作的最后一个环节，也是安全检查员必须熟练掌握的一项技能，如图4-13所示。

图4-13　开箱（包）检查

（一）开箱（包）检查的对象及物品

（1）用X射线安检仪检查时，因图像模糊不清而无法判断物品性质的。

（2）用X射线安检仪检查时，疑似有电池、导线、钟表、粉末状、液体状、枪弹状物品及其他可疑物品的。

（3）X射线安检仪图像中显示有容器、仪表、瓷器等物品的。

（4）照相机、收音机、录音录像机、电子计算机等电器。

（5）旅客特别小心或时刻不离身的物品。

（6）旅客携带的物品与其职业、事由和季节不相适应的。

（7）旅客声称是帮他人携带或来历不明的物品。
（8）旅客声称不能用 X 射线安检仪检查的物品。
（9）现场表现异常的旅客或群众揭发的嫌疑人所携带的物品。
（10）公安部门通报的嫌疑人或被列入查控人员所携带的物品。
（11）旅客携带的密码箱（包）进入检查区域发生报警的。

（二）开箱（包）检查的程序

（1）观察外层：查看箱（包）的外形，检查外部小口袋及有拉链的外夹层。

（2）检查内层和夹层：用手沿箱（包）的各个侧面上下摸查，将夹层、底层、内层小口袋检查一遍。

（3）检查包内物品：对 X 射线安检仪操作员所指出的重点部位和物品进行检查，若没有具体目标，应逐一检查，并将已查物品和未查物品分开。若包内有枪支等物品，应先将其取出并保管好，再细查其他物品，同时对物主采取看护措施。

（4）善后处理：检查后若发现箱（包）存在问题，应及时报告领导，并将箱（包）交由公安机关处理。若没有发现问题，应协助旅客将物品放回包内，并对其合作表示感谢。

（三）开箱（包）检查的方法

开箱（包）检查一般是通过安全检查员的眼、耳、鼻、手等感官进行检查，不同的物品应采取不同的检查方法。

1. 仪器、仪表的检查

对于仪器、仪表，通常使用 X 射线安检仪对其进行透视检查，若 X 射线安检仪透视不清，可用看、掂、探、拆等方法检查。例如，看仪器、仪表的外壳螺丝是否有动过的痕迹；对特别怀疑的仪器、仪表等可以拆开其外壳，探看其内部是否藏有违禁品。

2. 各种容器的检查

对容器进行检查时，可取出容器内的物品，采取敲击、测量的方法，听其发出的声音，分辨有无夹层，并测量容器的外高与内深，查看外径与内径的比差是否合理。若不能取出里面的物品，则可采用探针检查。

3. 各种文物、工艺品的检查

对于各种文物及工艺品，一般采用摇晃、敲击、听等方法进行检查。摇晃或敲击时，听其有无杂音或异物晃动声。

4. 容器中液体的检查

对液体的检查一般可以采用看、摇、嗅、试烧的方法进行：看容器是否为原始包装封口；摇动时液体有无泡沫（易燃液体经摇动一般产生泡沫且泡沫消失快）；嗅闻液体气味是否异常（酒的气味香浓，汽油、酒精、香蕉水的刺激性大）；对不能判别性质的液体可取少量进行试烧，但要注意安全。此外，还可借助液检仪（见图4-14）对容器中的液体进行检查。

5. 骨灰盒等特殊物品的检查

对旅客携带的骨灰盒、神龛、神像等特殊物品，若 X 射线安检仪检查发现有异常，可征得旅客同意进行手工检查；若旅客不愿意接受 X 射线安检仪的检查，可采用手工检查或使用防爆桶（见图 4-15）进行安全检查。

图 4-14　液检仪

图 4-15　防爆桶

6. 衣物的检查

衣服的衣领、垫肩、袖口、兜部、裤腿等部位容易暗藏武器、管制刀具、爆炸物和其他违禁品。在安全检查中，对旅客行李物品中的可疑衣物要采用摸、捏、掂等方法进行检查。对冬装及皮衣、皮裤更要仔细检查，看其是否有夹层，捏其是否暗藏有异物。对衣物检查应使用手掌进行摸、按、压。

7. 皮带（女士束腰带）的检查

对皮带（女士束腰带）进行检查时，看其边缘缝合处有无再加工的痕迹，摸带圈内是否有夹层。

8. 书籍的检查

书籍容易被忽略，较厚或是捆绑在一起的书籍可能被挖空，暗藏武器、管制刀具、爆炸物和其他违禁品。检查时，应将书籍打开翻阅检查，查看其中是否夹藏上述物品。

9. 笔的检查

看笔的外观是否有异常，掂其重量是否正常，按下开关或打开查看其是否被改装成笔刀或笔枪。

10. 雨伞的检查

雨伞的结构很特殊，往往被劫机分子利用，在伞骨、伞柄中藏匿武器、匕首等危险物品以混过安全检查。在检查中可用捏、摸、掂、打开的方法进行检查。此外，要特别注意折叠雨伞的检查。

11. 手杖的检查

对手杖进行敲击，听其声音是否正常；认真查看其是否被改成拐杖刀或拐杖枪。

12. 玩具的检查

儿童携带的玩具也可能藏有刀具和爆炸装置。检查毛绒玩具时，通常要看其外观，用手摸有无异物；检查电动玩具时，可将其通电或打开电池开关进行检查；检查遥控玩具时，可查看其外表有无打过的痕迹，摇晃听其有没有异响，掂其重量是否正常，拆开遥控器检查电池，以判断其是否暗藏危险品。

13. 整条香烟的检查

香烟、烟盒属于轻质物品，主要看其有无被重新包装的痕迹和掂其重量（每条香烟的重量约为300 g）来判断，对有怀疑的要打开包装检查。

14. 摄像机、照相机的检查

对于小型摄像机，可首先检查其外观是否正常，有无可疑部件，有无拆卸过的痕迹，重点检查电池盒、带匣、取景窗等部位是否正常，若发现可疑之处，可请旅客进行操作以查明情况。对于大型摄像机，可在征得旅客同意后进行 X 射线安检仪检查。对可疑的照相机可以请旅客按快门试拍来判断。

15. 收音机的检查

对于收音机，一般要打开电池盒盖，抽出天线，查看其是否藏匿有违禁品；必要时，应打开外壳检查其内部。

16. 录音机、便携式 CD 机的检查

检查其是否能正常工作，必要时打开电池盒盖和带舱，查看其是否隐匿有危险物品。

17. 便携式计算机的检查

检查其外观有无异常，掂其重量是否正常，可请旅客将便携式计算机启动，查看能否正常工作；对鼠标、电源等附件也要进行检查。

18. 手机的检查

检查手机时可用看、掂、开等方法进行检查。看其外观、掂其重量、打开电池盒盖，以及开启、关闭手机，以辨别其是否正常。

19. 乐器的检查

乐器都有发音装置，对弦鸣乐器可用拨、按、听、看的方法，听其是否能正常发音。对管乐器可请旅客现场演示。

20. 口红、香水等化妆品的检查

微型发射器可以伪装成口红的外观，安全检查员可通过掂其重量并打开进行检查。部分香水瓶在 X 射线安检仪屏幕上显示的图像与微型发射器类似，在检查时可请旅客试用。

21. 粉末状物品的检查

粉末状物品性质不易确定，应取少量粉末状物品通过炸药探测仪（见图 4-16）进行

防爆检测，以确保该物品的安全。

图 4-16　炸药探测仪

22．食品的检查

对罐装或袋装食品，应掂其重量判断是否与罐体、袋体所标注重量相符。看其封口是否有重新包装的痕迹。发现可疑时，可请旅客自己品尝。

23．小电器的检查

诸如电吹风机、电动卷发器、电动剃须刀等小型电器可通过观察外观，打开电池盒盖，以及现场操作的方法进行检查。对于钟表，要检查表盘的时针、分针、秒针是否正常工作，拆开其电池盒盖查看是否被改装成钟控定时爆炸装置。

24．鞋的检查

鞋的检查方法有看、摸、捏、掂等。"看"是指查看鞋的外层与内层；"摸"是指通过手的触感来检查鞋的边缘等较为隐蔽之处；"捏"是指通过手的挤压来感觉；"掂"是指掂鞋的重量，必要时可通过 X 射线安检仪对鞋进行检查。

（四）开箱（包）检查的要求及注意事项

（1）开箱（包）检查时，物主必须在场，并请物主将箱（包）打开。

（2）检查时要认真细心，特别要注意重点部位，如箱（包）的底部、角部和外侧小兜，并注意有无夹层。

（3）旅客的物品要轻拿轻放，若有损坏应照价赔偿。检查完毕，应尽量按原样放好。

（4）检查发现存在危害较大的违禁品时，应采取措施控制住携带者，防止其逃离现场，并将箱（包）重新经 X 射线安检仪检查，以查清其是否藏有其他危险物品，必要时将其带入检查室彻底清查。

（5）若旅客申明所携带物品不宜接受公开检查，安检部门可根据实际情况，避免在公开场合检查。

（6）开箱（包）检查的行李必须再次经过 X 射线安检仪检查。

（五）物品暂存、移交的办理

1. 物品暂存的办理

物品暂存是指旅客将不能随身携带乘机又不便于处置的物品暂时存放在机场。安检人员应对旅客暂存的物品进行登记，并开具暂存单据。单据一式三联，第一联留存，第二联交给旅客，第三联贴于暂存物品上以便旅客领取。安检部门收存的暂存物品应设专人专柜妥善保管，不得丢失。

物品的暂存期限一般为30天，逾期未领者，视为无人认领物品，应交由民航公安机关处理。

2. 物品移交的办理

物品移交是指安检部门依据相关规定，将安检过程中遇到的问题物品移交给其他相关单位。

安检人员在移交物品时应填写移交单据。移交单据一式三联，第一联留存，第二联交给旅客，第三联交给接收人。移交单据应妥善保管，以便存查。

现实生活中，旅客不配合安检的情况时有发生，该如何对其进行劝说？

将毒品藏匿胶囊内　机场安检识破伎俩

2014年8月16日，青岛机场安检部旅检科的小袁分队正在国内安检一号通道内执勤。这时，一名中年男子进入了该通道。该旅客中等身材，面色苍白，眼神飘忽不定，额头还有少许虚汗。安检员察觉该旅客有些可疑，随即提高了警惕。接下来的一幕，更令安检员感到疑惑。该旅客通过安检门时，浑身抖动，话语不清，好像大脑已不受自己的控制一样。在对其随身行李进行X射线检查时，安检人员通过图像，发现该旅客包内有疑似吸毒工具的玻璃制品，立即通知开箱（包）检查员对其行李进行检查。开箱（包）检查员询问该旅客是否带有类似吸毒工具等物品，旅客回答得很含糊，一会儿说忘了，一会儿说没有。开箱（包）检查员通过仔细检查，发现该旅客包内确实有吸毒工具，此时，旅客神情慌张、异常激动，说："查什么，查什么，没有东西了。"

安检员并没有放松警惕，经认真检查，发现旅客包内有两瓶胶囊，胶囊内藏匿冰毒若干。随即，安检员们对该旅客人身及其随身行李进行了重复检查，确认没有其他违禁品，在请示值班领导后，将该旅客移交机场公安处理。

资料来源：民航资源网，http://news.carnoc.com/list/291/291633.html

任务实施

情景模拟——机场安检

实施步骤：

1．学生分为6人一组，分别扮演携带可疑物品的旅客、证件查验员、安全门前的引导员、X射线安检仪操作员、人身检查员、开箱（包）检查员。

2．根据"任务情景"中提供的相关信息，安检人员完成旅客安检工作。

（1）证件查验员检查旅客证件。

（2）安全门前的引导员请旅客将身上的物品掏出并放入托盘内，然后将托盘放在X射线安检仪传送带上进行检查，并引导旅客通过安全门。

（3）人身检查员对旅客进行手工人身检查。

（4）X射线安检仪操作员识别出旅客携带可疑物品，告知开箱（包）检查员实施手工检查。

（5）开箱（包）检查员按工作流程查看旅客行李，重点检查行李内的可疑物品。

任务评价

请根据表4-2对上述任务实施的结果进行评价。

表4-2　任务实施评价表

考核内容	分值	自评分	小组评分	教师评分	实得分
使用礼貌用语与旅客打招呼，并请旅客出示有效乘机证件	10				
证件查验员进行人、证对照，核对"三证"，扫描登机牌，查验无误盖验讫章	20				
人身检查员正确进行人身检查	30				
X射线安检仪操作员确定开箱（包）检查的对象	20				
开箱（包）检查员按正规程序和方法进行开箱（包）检查	20				
总分	100				

民航地面服务与管理

自我检测

机场安全检查的对象有哪些，针对不同的对象，分别应采取什么样的方法？

民航之窗

铿锵玫瑰绽芳华——记全国劳动模范孟晓婧

是怎样一种热爱，让她把人生最美好的青春奉献给民航事业；是怎样一种执着，让她一步一个脚印，从一名普通安检员，晋升为班组长、副主任再到科室主任。难不倒、压不弯、拉得出、打得赢，她用16年的坚守诠释了责任与担当，她就是新疆机场集团乌鲁木齐分公司安全检查总站旅检二室主任孟晓婧。

踏实苦干的"女汉子"

生活中的她温婉贤淑，工作中的她雷厉风行。在日常的巡视查岗中，她每走到一处就会停下来仔细观察，及时规范安检员的操作。她总能因材施教、对症下药，准确说出安检员工作中存在的问题。

每天除了在班前班后会上对工作进行部署，梳理分析工作中存在的问题外，孟晓婧还要及时了解科室内员工的思想动态，与员工们谈心谈话，对责任担当、团队精神、团结互助、荣辱意识等进行普及教育。

精益求精的"多面手"

在领导眼中，她是得力助手，对待工作认真负责；在同事和员工眼中她既是大家学习的榜样，也是技能业务达人。她多次在旅客行李中查获违禁品，识破各类伪装和故意藏匿违禁品事件，一次次将安全隐患查堵在地面，以踏实认真、高度负责的态度立足本职。

因业务技能突出，孟晓婧多次荣获全疆安检技能比武第一名。但她不骄不躁，在提升自我的同时，利用工作之余协助身边同事共同进步。只要有技能比武大赛或是强化培训，她都会利用休息时间，到培训现场指导科室员工练习，一遍遍地讲解学习技巧及工作经验，使员工实操技能得到快速提升。

在平凡的岗位上，孟晓婧用乐于奉献、脚踏实地的精神奏出了不平凡的乐章。

资料来源：中国民用航空网，http://www.ccaonline.cn/jichang/622055.html

项目学习效果综合测试

一、选择题

1. 民航安检现场值班领导岗位管理人员应具备（　　）级以上民航安全检查员国家职业资格要求的理论和技能水平。

   A. 二　　　　　　　　　　　　B. 三
   C. 四　　　　　　　　　　　　D. 五

2. X射线安检仪操作员连续操机工作时间不得超过（　　）。

   A. 90分钟　　　　　　　　　　B. 60分钟
   C. 45分钟　　　　　　　　　　D. 30分钟

3. 从严检查措施应由（　　）名以上与旅客同性别的民航安全检查员在特别检查室实施。

   A. 1　　　　　　　　　　　　 B. 2
   C. 3　　　　　　　　　　　　 D. 4

4. 对于提出需要暂存物品的旅客，机场应为其提供暂存服务。暂存物品的期限不超过（　　）。

   A. 7天　　　　　　　　　　　 B. 15天
   C. 30天　　　　　　　　　　　D. 60天

5. 机场安全检查工作的目的是防止（　　）被带上或装载上飞机，保障民航飞机和旅客生命财产安全。

   A. 日用品　　　　　　　　　　B. 私人物品
   C. 危险品　　　　　　　　　　D. 公共物品

二、填空题

1. 根据安全保卫的需要，机场控制区划定为_____区、_____区、飞机活动区和维修区、货物存放区等。

2. 机场区域入口要尽量少，且必须有人看守，有_____设施和_____系统，也要有能与安全控制中心联络的通信系统。

3. 民航安全技术检查具有_____性和_____性。

4. 机场对旅客及其行李物品安全检查的方法包括_____检查和_____检查，以及民航局规定的其他安全检查方式。

5. 执行飞行任务的机组人员进入民用运输机场控制区的，安检部门应核查其_____和民航局规定的其他文件，并对其_____进行安全检查。

6. 安检员要对旅客人身及其行李进行检查，以避免其携带_____品、_____品及_____物品。

7. 手工人身检查的基本顺序为_____。

8. 开箱（包）检查的程序为_____。

三、简答题

1. 已经通过安全检查的人员、行李、物品与未经安全检查的人员、行李、物品不得相混或接触。若发生相混或接触，民用运输机场管理机构应采取什么措施？

2. 民航安检部门的运行需要具备哪些条件？

3. 民航机场安检人员应具备的条件有哪些？

4. 证件查验员、人身检查员、开箱（包）检查员的工作方法分别是什么？

项目五

机场候机服务与管理

项目导读

在旅客候机的过程中,工作人员应及时地播报各类进出港航班信息,同时为有需要的旅客提供问询和导乘服务。当旅客出现摔伤等意外伤害,或航站楼发生大面积停电、火灾等突发事件时,工作人员应及时予以妥善处理。

学习目标

知识目标

- 掌握航站楼广播服务与管理。
- 掌握问询与导乘服务技巧。
- 掌握突发和旅客意外伤害事件的处理方法。

技能目标

- 能够正确使用广播用语对不同的航班信息进行广播。
- 能够及时、有效地解答旅客的各种问询。
- 能够妥善地为旅客提供导乘服务。
- 能够采取措施应对不同的突发事件。
- 能够对旅客意外伤害事件进行及时、有效的处理。

素养目标

- 培养脚踏实地、认真负责的工作作风,提升职业素养。
- 践行全心全意为人民服务的宗旨,立足岗位,甘于奉献。

民航地面服务与管理

任务一 掌握机场广播服务与管理

任务情景

由首都机场飞往上海虹桥国际机场的 MU5160 次航班还有 15 分钟将截止办理乘机手续。工作人员需要通过广播来提醒旅客尽快办理乘机手续。

知识讲解

一、航站楼广播用语的要求

航站楼的广播用语必须准确、规范，采用统一的专业术语，语句通俗易懂、流畅自然，语意清晰明了。各类广播用语应准确表达主题，规范使用格式。航站楼的广播用语以汉语和英语为主，同一内容应分别使用汉语普通话和英语播音。在需要使用其他外语播音的特殊情况下，播音的内容可根据标准广播用语的汉语内容进行编译。

> 我国一些地域的方言与普通话发音完全不同，为方便当地旅客的出行，可否将当地方言用于航站楼的广播？

二、航站楼广播用语的分类

航站楼广播用语通常按照播音的目的和性质划分为不同类型，如图 5-1 所示。

项目五　机场候机服务与管理

```
航站楼广播用语
├── 航班信息类
│   ├── 出港类
│   │   ├── 办理乘机手续类
│   │   │   ├── 开始办理乘机手续通知
│   │   │   ├── 推迟办理乘机手续通知
│   │   │   ├── 催促办理乘机手续通知
│   │   │   ├── 过站旅客办理乘机手续通知
│   │   │   └── 候补旅客办理乘机手续通知
│   │   ├── 登机类
│   │   │   ├── 正常登机通知
│   │   │   ├── 催促登机通知
│   │   │   └── 过站旅客登机通知
│   │   └── 航班延误和取消类
│   │       ├── 航班延误通知
│   │       ├── 所有始发航班延误通知
│   │       ├── 出港航班取消通知
│   │       └── 不正常航班服务通知
│   └── 进港类
│       ├── 航班正常预告
│       ├── 航班延误预告
│       ├── 进港航班取消通知
│       ├── 航班到达通知
│       └── 备降航班到达通知
├── 例行类
│   ├── 须知
│   └── 通告
└── 临时类
    ├── 一般事件通知
    └── 紧急事件通知
```

图 5-1　航站楼广播用语的分类

159

民航地面服务与管理

三、航班信息类广播用语的格式

航班信息类广播用语的格式包括不变因素和可变因素。不变因素是指广播用语的固定内容。可变因素是指广播用语中需要动态调整的内容。为了便于表述，此处以数字符号表示不同的可变因素，其释意如下。

（1）①表示在____处填入机场名称。

（2）②表示在____处填入航班号。

（3）③表示在____处填入值机柜台号、服务台号或问询台号。

（4）④表示在____处填入登机口号。

（5）⑤表示在____处填入24小时制小时时刻。

（6）⑥表示在____处填入分钟时刻。

（7）⑦表示在____处填入播音次数。

（8）⑧表示在____处填入飞机注册号。

（9）⑨表示在____处填入电话号码。

（10）⑩表示〔 〕中的内容可以选用。

（11）⑪表示需要从〈 〉中的多个选项里选择一个。

四、出港类航班信息广播用语

（一）办理乘机手续类广播用语

1. 开始办理乘机手续通知

前往____①的旅客请注意：

您乘坐的〔补班〕⑩____②次航班现在开始办理乘机手续，请您到____③号柜台办理。

谢谢！

Ladies and Gentlemen, may I have your attention please:

We are now ready for check-in for〔supplementary〕⑩ flight ____ ② to ____ ① at counter No. ____ ③.

Thank you.

2. 推迟办理乘机手续通知

乘坐〔补班〕⑩____②次航班前往____①的旅客请注意：

由于〈1. 本站天气不够飞行标准 2. 航路天气不够飞行标准 3. ____①天气不够飞行标准 4. 飞机调配原因 5. 飞机机械原因 6. 飞机在本站出现机械故障 7. 飞机在____①机场出现机械故障 8. 航空管制原因 9. ____①机场关闭 10. 通信原因〉⑪，本次航班

160

不能按时办理乘机手续。〔预计推迟到____⑤点____⑥分办理。〕⑩ 请您在出发厅休息，等候通知。

谢谢！

Ladies and Gentlemen, may I have your attention please:

Due to 〈1. the poor weather condition at our airport 2. the poor weather condition over the air route 3. the poor weather condition over the ____① airport 4. aircraft reallocation 5. the maintenance of the aircraft 6. the aircraft maintenance at our airport 7. the aircraft maintenance at the ____① airport 8. air traffic congestion 9. the close-down of ____① airport 10. communication trouble〉⑪, the 〔supplementary〕⑩ flight ____② to ____① has been delayed. The check-in for this flight will be postponed 〔to ____⑤:____⑥〕⑩ Please wait in the departure hall for further information.

Thank you.

3．催促办理乘机手续通知

前往____①的旅客请注意：

您乘坐的〔补班〕⑩ ____②次航班将在____⑤点____⑥分截止办理乘机手续。乘坐本次航班没有办理手续的旅客，请马上到____③号柜台办理。

谢谢！

Ladies and Gentlemen, may I have your attention please:

Check-in for 〔supplementary〕⑩ flight ____② to ____① will be closed at ____⑤:____⑥. Passengers who have not been checked in for this flight, please go to counter No. ____③ immediately.

Thank you.

4．过站旅客办理乘机手续通知

乘坐〔补班〕⑩ ____②次航班由____①经本站前往____①的旅客请注意：

请您持原登机牌到〔____③号〕⑩〈1. 柜台 2. 服务台 3. 问询台〉⑪ 换取过站登机牌。

谢谢！

Passengers taking 〔supplementary〕⑩ flight ____② from ____① to ____①, attention please:

Please go to the 〈1. counter 2. service counter 3. information desk〉⑪〔No. ____③〕⑩ to exchange your boarding passes for transit passes.

Thank you.

5. 候补旅客办理乘机手续通知

持〔补班〕⑩____②次航班候补票前往____①的旅客请注意：

请马上到____③号柜台办理乘机手续。

谢谢！

Ladies and Gentlemen, may I have your attention please:

Stand-by passengers for〔supplementary〕⑩ flight ____ ② to ____ ①, please go to counter No. ____ ③ for check-in.

Thank you.

（二）登机类广播用语

1. 正常登机通知

〔由____①备降本站〕⑩前往____①的旅客请注意：

您乘坐的〔补班〕⑩____②次航班现在开始登机。请带好您的随身物品，出示登机牌，由____④号登机口上〔____⑧号〕⑩飞机。〔祝您旅途愉快。〕⑩

谢谢！

Ladies and Gentlemen, may I have your attention please:

〔Supplementary〕⑩ flight ____ ②〔alternated from ____ ①〕⑩ to ____ ① is now boarding. Would you please have your belongings and boarding passes ready and board the aircraft〔No. ____ ⑧〕⑩ through gate No. ____ ④.〔We wish you a pleasant journey.〕⑩

Thank you.

2. 催促登机通知

〔由____①备降本站〕⑩前往____①的旅客请注意：

您乘坐的〔补班〕⑩____②次航班很快就要起飞了，还没有登机的旅客请马上由____④号登机口上〔____⑧号〕⑩飞机。〔这是〔补班〕⑩____②次航班〈1. 第____⑦次 2. 最后一次〉⑪登机广播。〕⑩

谢谢！

Ladies and Gentlemen, may I have you attention please:

〔Supplementary〕⑩ flight ____ ②〔alternated from ____ ①〕⑩ to ____ ① will take off soon. Please be quick to board the aircraft〔No. ____ ⑧〕⑩ through gate No. ____ ④.〔This is the〈1. ____ ⑦ 2. final〉⑪ call for boarding on〔supplementary〕⑩ flight ____ ②.〕⑩

Thank you.

3. 过站旅客登机通知

前往____①的旅客请注意：

您乘坐的〔补班〕⑩____②次航班现在开始登机，请过站旅客出示过站登机牌，由

____④号登机口先上〔____⑧号〕⑩飞机。

谢谢！

Ladies and Gentlemen, may I have your attention please:

〔Supplementary〕⑩ flight ____ ② to ____ ① is now ready for boarding. Transit passengers please show your passes and board〔aircraft No. ____ ⑧〕⑩ first through No. ____ ④.

Thank you.

深圳宝安国际机场率先推出登机口智慧寻人服务

2020年，深圳宝安国际机场联合中国航信、华为公司和腾讯公司，在国内率先推出登机口智慧寻人服务，由此成为全国首家运用人脸识别+AI技术寻找旅客的机场。该服务上线后，深圳宝安国际机场可实现精准查找、定位每位登机旅客，主动协助航空公司精准掌握旅客位置等信息。与此同时，在航班预警、催促登机、航延保障、安全布控等多个场景下，能够为航空公司或相关保障单位提供更为实时、精准的技术支持。

据了解，以往出现差客（已安检但未登机的旅客）的情况时，登机口工作人员仅能通过区域性广播和在登机口附近查找的方式寻找旅客，针对性不强、有效性不足。此次智慧寻人服务上线后，当旅客由于各种原因未能及时到达登机口登机时，工作人员就能通过寻人功能知晓旅客所在位置，并在定位区域主动查找旅客，从而最大限度避免旅客漏乘。统计数据显示，通过智慧寻人服务，机场每天可以找回旅客约100人次，旅客漏乘率较之前明显降低。

资料来源：民航资源网，http://news.carnoc.com/list/542/542261.html

（三）航班延误和取消类广播用语

1. 航班延误通知

〔由____①备降本站〕⑩前往____①的旅客请注意：

我们抱歉地通知，您乘坐的〔补班〕⑩____②次航班由于〈1. 本站天气不够飞行标准 2. 航路天气不够飞行标准 3. ____①机场天气不够飞行标准 4. 飞机调配原因 5. 飞机机械原因 6. 飞机在本站出现机械故障 7. 飞机在____①机场出现机械故障 8. 航空管制原因 9. ____①机场关闭 10. 通信原因〉⑪〈1. 不能按时起飞 2. 将继续延误 3. 现在不能从本站起飞〉⑪，起飞时间〈1. 待定 2. 推迟到____⑤点____⑥分〉⑪。在此我们深表歉意，请您在候机厅休息，等候通知。〔若您有什么要求，请与〔____③号〕⑩

〈1．不正常航班服务台 2．服务台 3．问询台〉⑪工作人员联系。〉⑩

谢谢！

Ladies and gentlemen, may I have your attention please:

We regret to announce that〔supplementary〕⑩ flight ____ ②〔alternated from ____ ①〕 to ____ ①〈1. can not leave on schedule 2. will be delayed to ____ ⑤: ____ ⑥ 3. will be further delayed〔to ____ ⑤: ____ ⑥〕⑩ 4. can not take off now〉⑪ due to〈1. the poor weather condition at our airport 2. the poor weather condition over the air route 3. the poor weather condition at ____ ① airport 4. aircraft reallocation 5. the maintenance of the ____ ① airport 6. the aircraft maintenance at our airport 7. the aircraft maintenance at the ____ ① airport 8. air traffic congestion 9. the close-down of ____ ① airport 10. communication trouble〉⑪. Would you please remain in the waiting hall and wait for further information.〔If you have any problems or questions, please contact with the〈1. irregular flight service counter 2. service counter 3. information desk〉⑪〔No. ____ ③〕⑩〕⑩

Thank you.

2．所有始发航班延误通知

各位旅客请注意：

我们抱歉地通知，由于〈1．本站天气原因 2．本站暂时关闭 3．通信原因〉⑪，由本站始发的所有航班都〈1．不能按时 2．将延误到____⑤点____⑥分以后〉⑪起飞，在此我们深表歉意，请您在候机厅内休息，等候通知。

谢谢！

Ladies and Gentlemen, may I have your attention please:

We regret to announce that all outbound flights〈1. can not leave on schedule 2. will be delayed to ____ ⑤: ____ ⑥〉⑪ due to〈1. the poor weather condition at our airport 2. the temporary close-down of our airport 3. communication trouble〉⑪. Would you please remain in the waiting hall and wait for further information.

Thank you.

3．出港航班取消通知

〔由____①备降本站〕⑩前往____①的旅客请注意：

我们抱歉地通知，您乘坐的〔补班〕⑩____②次航班由于〈1．本站天气不够飞行标准 2．航路天气不够飞行标准 3．____①机场天气不够飞行标准 4．飞机调配原因 5．飞机机械原因 6．飞机在本站出现机械故障 7．飞机在____①机场出现机械故障 8．航空管制原因 9．____①机场关闭 10．通信原因〉⑪决定取消今日飞行。〔请您与〔____③号〕⑩〈1．不正常航班服务台 2．服务台 3．问询台〉⑪工作人员联系，〔或拨打联系电话____⑨，〕⑩我们将为您妥善安排。〕⑩

谢谢！

Ladies and Gentlemen, may I have your attention please:

We regret to announce that 〔supplementary〕⑩ flight ____ ② 〔alternated from ____ ①〕⑩ to ____ ① has been cancelled due to 〈1. the poor weather condition at our airport 2. the poor weather condition over the air route 3. the poor weather condition at the ____ ① airport 4. aircraft reallocation 5. the maintenance of the aircraft 6. the aircraft maintenance at our airport 7. the aircraft maintenance at the ____ ① airport 8. air traffic congestion 9. the close-down of ____ ① airport 10. communication trouble〕⑪.〔Would you please contact with 〈1. irregular flight service counter 2. service counter 3. information desk〉⑪〔No. ____ ③,〕⑩ 〔or call ____ ⑨.〕⑩ We will make all necessary arrangements.〕⑩

Thank you.

4. 不正常航班服务通知

〔由____①备降本站〕⑩乘坐〔补班〕⑩____②次航班前往____①的旅客请注意：

请您到〈1. 服务台 2. 餐厅〉⑪凭〈1. 登机牌 2. 飞机票〉⑪领取〈1. 餐券 2. 盒饭 3. 饮料、点心〉⑪。

谢谢！

Passengers for 〔supplementary〕⑩ flight ____ ② 〔alternated from ____ ①〕⑩ to ____ ①, attention please:

Please go to 〈1. service counter 2. restaurant〉⑪ to get 〈1. a meal coupon 2. boxed meal 3. the refreshments〉⑪ and show your 〈1. boarding passes 2. air-tickets〉⑪ for identification.

Thank you.

五、进港类航班信息广播用语

（一）航班正常预告

迎接旅客的各位请注意：

由____①〔、____①〕⑩飞来本站的〔补班〕⑩____②次航班将于____⑤点____⑥分到达。

谢谢！

Ladies and Gentlemen, may I have your attention please:

〔Supplementary〕⑩ flight ____ ② from ____ ①〔、____ ①〕⑩ will arrive here at ____ ⑤: ____ ⑥.

Thank you.

（二）航班延误预告

迎接旅客的各位请注意：

我们抱歉地通知，由____①〔、____①〕⑩飞来本站的〔补班〕⑩____②次航班由于〈1. 本站天气不够飞行标准 2. 航路天气不够飞行标准 3. ____①机场天气不够飞行标准 4. 飞机调配原因 5. 飞机机械原因 6. 飞机____①机场出现机械故障 7. 航空管制原因 8. ____①机场关闭 9. 通信原因〕⑪〈1. 不能按时到达 2. 将延误至____⑤点____⑥分〉⑪。

谢谢！

Ladies and Gentlemen, may I have your attention please:

We regret to announce that〔supplementary〕⑩ flight ____② from ____①〔、____①〕⑩〈1. can not arrive on schedule 2. will be delayed to ____⑤:____⑥〉⑪ due to〈1. the poor weather condition at our airport 2. the poor weather condition over the air route 3. the poor weather condition at ____① airport 4. aircraft reallocation 5. the maintenance of the aircraft 6. the aircraft maintenance at the ____① airport 7. air traffic congestion 8. the close-down of ____① airport 9. communication trouble〉⑪.

Thank you.

（三）进港航班取消通知

迎接旅客的各位请注意：

我们抱歉地通知，由____①〔、____①〕⑩飞来本站的〔补班〕⑩____②次航班由于〈1. 本站天气不够飞行标准 2. 航路天气不够飞行标准 3. ____①机场天气不够飞行标准 4. 飞机调配原因 5. 飞机机械原因 6. 飞机在____①机场出现机械故障 7. 航空管制原因 8. ____①机场关闭 9. 通信原因〕⑪已经取消。〈1. 明天预计到达本站的时间为____⑤点____⑥分 2. 明天到达本站的时间待定〉⑪。〕⑩

谢谢！

Ladies and Gentlemen, may I have your attention please:

We regret to announce that〔supplementary〕⑩ flight ____② from ____①〔、____①〕⑩ has been cancelled due to〈1. the poor weather condition at our airport 2. the poor weather condition over the air route 3. the poor weather condition at ____① airport 4. aircraft reallocation 5. the maintenance of the aircraft 6. the aircraft maintenance at the ____① airport 7. air traffic congestion 8. the close-down of ____① airport 9. communication trouble〉⑪.〔This flight has been rescheduled to〈1. tomorrow at ____⑤:____⑥ 2. arrival time to be determined〉⑪.〕⑩

Thank you.

（四）航班到达通知

迎接旅客的各位请注意：

由____①〔、____①〕⑩飞来本站的〔补班〕⑩____②次航班已经到达。

谢谢！

Ladies and Gentlemen, may I have your attention please:

〔Supplementary〕⑩ flight ____② from ____①〔、____①〕⑩ is now landing.

Thank you.

（五）备降航班到达通知

由____①备降本站前往____①的旅客请注意：

欢迎您来到____①机场。您乘坐的〔补班〕⑩____②次航班由于〈1.____①机场天气不够飞行标准 2. 航路天气不够飞行标准 3. 飞机机械原因 4. 航空管制原因 5.____①机场关闭〉⑪不能按时飞往____①机场，为了您的安全，飞机备降本站。〔请您在候机厅内休息，待候通知。若您有什么要求，请与〔____③号〕⑩〈1. 不正常航班服务台 2. 服务台 3. 问询台〉⑪工作人员联系。〕⑩

谢谢！

Passengers taking〔supplementary〕⑩ flight ____② from ____① to ____①, attention please:

Welcome to ____① airport. Due to〈1. the poor weather condition at ____① airport 2. the poor weather condition over the air rout 3. the maintenance of the aircraft 4. air traffic congestion 5. the close-down of ____① airport〉⑪, your flight has been diverted in our airport for your security.〔Would you please in the waiting hall and wait for further information. If you have any problems or questions, please contact with the〈1. irregular flight service counter 2. service counter 3. information desk〉⑪〔No. ____③〕⑩〕⑩.

Thank you.

六、例行类、临时类广播用语

例行类广播的内容通常是旅客须知和通告等。各机场可根据具体情况组织例行类广播，但其应符合中国民航局及相关单位的规定。

临时类广播的内容一般为一般事件通知和紧急事件通知。各机场可根据实际情况安排临时类广播。当采用临时广播的形式来完成特殊航班信息通知时，其用语应与航班信息类广播中相关内容的格式一致。

任务实施

情景模拟——广播催促旅客办理乘机手续

学生根据"任务情景"中提供的相关信息,广播提醒前往上海虹桥国际机场的旅客注意,MU5160 次航班还有 15 分钟截止办理乘机手续,请乘坐本次航班的旅客马上到 3 号值机柜台办理乘机手续。

任务评价

请根据表 5-1 对上述任务实施的结果进行评价。

表 5-1　任务实施评价表

考核内容	分值	自评分	小组评分	教师评分	实得分
以正确的广播用语格式进行播音,并应分别使用中英文播音	50				
广播用语准确,语气温和,速度适中	50				
总分	100				

自我检测

1. 航站楼广播用语可分为哪些类别?
2. 广播用语格式中的不同符号分别代表什么意思?

任务二　掌握问询与导乘服务技巧

任务情景

李明是机场的一名导乘人员。在工作过程中,她发现有一名旅客步履蹒跚地在机场大厅东张西望。李明走上前去询问,得知旅客正要办理乘机手续。基于旅客腿脚不便,李明打算用轮椅协助旅客办理乘机手续和登机。

项目五　机场候机服务与管理

> **知识讲解**

近年来，各个城市相继开通了高铁。与之相比，航空运输虽然有着速度快、节省时间等优点，但由于运输价格昂贵、受天气影响明显，其发展面临着严峻的挑战。要提高航空运输在交通行业的竞争力，就必须从群众口碑上寻找突破口，用上乘的服务质量吸引旅客，而旅客服务质量是靠每个员工、每个细节来体现的。实践证明，服务质量是企业的生命，任何一个岗位的疏忽和轻视都会影响企业的整体形象。因此，发挥机场自身拥有的优越性，改善服务质量对航空运输业的平稳发展有着不容小觑的作用。

一、问询服务

机场的航站楼通常会提供诸如航班信息、机场交通、航站楼设施配备等问询服务。问询服务能直接帮助旅客排除其在旅行过程中遇到的诸多麻烦，能为旅客解决问题指明方向。

手语问询服务特殊旅客

问询服务实行"首问责任制"。所谓"首问责任制"，即旅客求助的第一位工作人员有责任在确保准确答复或有效解决问题的前提下提供优质服务，否则，必须将旅客指引到能提供有效服务的部门或岗位。当旅客提出问询服务要求时，由第一位接到信息的工作人员负责接待，对询问事项办理或协助办理的人员或部门为第二负责人，是后续服务的首问责任人。

（一）问询服务的准备工作

工作人员每日应在值机柜台开启前到岗，检查电脑、电话等设施设备是否处于正常状态，若有故障，应及时报修或调用备用设备，从而确保工作的顺利进行。

问询处应始终有人员在岗，若有特殊情况需要离开，必须在柜台上设置"请稍等"指示牌。问询处的关闭时间应在最后一个出发航班登机结束后。

工作人员应根据旅客提出的要求及时予以帮助，当遇到无法解决的特殊问题时，应及时向上级汇报。

（二）问询服务要点

根据服务提供的方式的不同，问询服务可以分为现场问询和电话问询。现场问询是指在问询柜台当面向旅客提供问询服务，电话问询是指向打来电话的旅客提供各类问询服务。

1. 现场问询服务要点

工作人员在遇到旅客问询时，应主动站立，5米之内与旅客有目光交流，做到表情自

169

然、和蔼亲切，在主动向旅客问好后，应细致、耐心地回答旅客的问题，最后应礼貌地向旅客道别。在回答旅客的问题时，应使用礼貌用语，做到语言简明清晰、语气温和、速度适中，切忌使用专业术语和服务禁语。

2. 电话问询服务要点

工作人员应在电话铃响不超过三声时接听电话；回答旅客问题时，应口齿清晰、简洁明了、语气温和、速度适中、用语规范；切忌使用专业术语和服务禁语。

课堂互动

要想成为一名机场的问询服务人员，需要具备哪些条件？

二、导乘服务

（一）导乘服务的工作内容

1. 引导旅客办理乘机手续

导乘人员一般会在出发大厅，穿着航空公司或机场的制服，或佩戴相关的易于识别的身份标识，以方便不清楚乘机流程的旅客或遇到困难的旅客能够及时找到他们询问相关问题，如购票、办理登机牌、行李打包、托运行李、购买相关物品等。

2. 帮助旅客使用新的设施设备

若机场进行了装修或引进了新的设施设备，旅客不清楚相关变化或不会使用相关设备，航空公司和机场就应专门安排导乘人员给予旅客协助。例如，当机场新增加了自助值机设备，很多旅客不会使用时，就应有导乘人员站在自助值机设备前协助旅客操作，如图5-2所示。

图5-2　导乘服务

3. 协助特殊旅客登机

对于行动不便的老人和不能携带自己的轮椅登机的轮椅旅客，机场应安排导乘人员为其提供从值机柜台到登机口，或从登机口到接机大厅的轮椅服务。另外，无成人陪伴儿童需要全程的陪伴和照顾，导乘人员需要在值机柜台接送无成人陪伴儿童到登机口，下机时也需要将其送到接机大厅里，并与其监护人交接。

4. 隔离区的引导服务

旅客通过安检后进入机场隔离区候机，此时，导乘工作的主要内容是协助旅客寻找登机口。若旅客需要机场的其他服务，如购物、餐饮、洗手间、热水等，导乘人员可引导旅客到相关的地点。此外，导乘人员要引导头等舱旅客到头等舱休息室休息。

5. 到达引导服务

到达引导服务包括引导旅客提取行李，离开机场。

6. 经停、中转和联程引导服务

在旅客下飞机时，导乘人员需要协助登机口服务人员对旅客进行分流。对于经停本站的旅客，导乘人员应引导旅客在候机厅休息等候，并在下一航段登机时，安排经停旅客优先登机。对于在本站中转的旅客，导乘人员需要引导旅客去中转柜台办理相关手续。

7. 帮助遇到困难的旅客

（1）身份证丢失的旅客。导乘人员可引导旅客凭相关证明（包括户口本、丢失证明等），到机场派出所或民警值班室申请办理临时身份证明。

（2）登机牌丢失的旅客。导乘人员应协助旅客寻找登机牌，若确实丢失，导乘人员可带领旅客到特殊服务柜台或主任柜台重新办理登机牌。

（3）行李丢失或行李破损。导乘人员应引导旅客到行李查询柜台进行查询。

（4）家人走失。导乘人员应通知广播室进行广播，协助旅客进行寻找。

（二）导乘人员的工作要求

导乘工作和其他地面服务工作的不同之处在于，其他地面服务工作有固定的工作流程或固定的操作程序，而导乘人员则需要主动发现需要帮助的旅客，主动为旅客提供相关服务。为此，在工作过程中，导乘人员应做到以下几点。

（1）熟悉机场的布局和设施设备，熟悉地面服务各个岗位的职责和工作内容，熟悉客货运输条件和航空公司的运输规则，熟悉机场安全运营规则，熟悉安检要求，熟悉相关的法律法规，熟悉城市交通和旅游相关信息，掌握服务心理学和急救知识等。

（2）对于寻求帮助的旅客，必须提供相关的服务，自己不能解决问题时，可以寻求相关部门的帮助，不能用"不知道、不清楚"等搪塞旅客。

（3）对于值机或登机口服务人员提出的帮助需求要积极地予以回应。

（4）为旅客服务时注意礼仪姿势和礼貌用语。

民航地面服务与管理

📰 新闻台

南京禄口国际机场发布"宝贝乘机"全指南

2019 年 5 月 30 日,南京禄口国际机场发布了"宝贝乘机"全指南,不仅可以为带儿童出行的旅客优先办理乘机手续,还能为无成人陪伴的儿童提供全流程"特别服务"。

在 T2 航站楼内,活跃着一批身着绿色马甲的"无忧畅行"工作人员,他们能够随时为儿童等特殊旅客提供细致周到的服务。年龄在 5~12 周岁的无成人陪伴儿童不仅有机场工作人员作为"爱心妈妈"全程陪伴其安检、候机、登机等,还可以在玩具、书籍丰富的无成人陪伴儿童休息区内阅读、玩耍。南京禄口机场还特别推出"微信瞬间"服务,在问讯处、登机口、舱门口为无成人陪伴儿童拍照,并通过微信发给家长,实时向家长报告候机动态。遇到航班不正常时,机场工作人员会在第一时间联系无成人陪伴儿童的家长,告知航班情况。

资料来源:民航资源网,http://news.carnoc.com/list/495/495177.html

任务实施

情景模拟——为旅客提供导乘服务

实施步骤:
1. 学生分为两人一组,分别扮演机场导乘人员李明和需要帮助的旅客。
2. 根据"任务情景"中提供的相关信息,导乘人员协助行动不便的旅客办理乘机手续。

任务评价

请根据表 5-2 对上述任务实施的结果进行评价。

表 5-2 任务实施评价表

考核内容	分值	自评分	小组评分	教师评分	实得分
主动询问旅客,了解旅客的诉求	20				
针对旅客的诉求给予耐心和详细的说明	30				

表 5-2（续）

考核内容	分值	自评分	小组评分	教师评分	实得分
借用轮椅，协助旅客到达值机柜台或自助值机设备处办理手续	30				
站姿规范，保持甜美微笑，吐字清晰，声音洪亮	20				
总分	100				

自我检测

1. 旅客问询服务的工作要点有哪些？
2. 导乘人员的工作要求有哪些？

任务三　掌握突发与意外伤害事件的处理方法

任务情景

北京连日大雨，造成当天近百次航班延误或取消。若你是机场候机厅的工作人员，此时你会如何维护候机大厅的旅客秩序，并提供相关服务？

知识讲解

一、突发事件

（一）非法干扰类

非法干扰类的突发事件包括爆炸物威胁、存在无人认领的可疑物品、匿名电话恐吓、非法集会及冲闯安检现场等。

这些突发事件的危害主要表现在以下几个方面：① 扰乱航站楼的正常运转秩序，严重时还会导致整个航站楼的运行中断；② 使旅客产生恐慌情绪，事态扩大会造成严重的边际效应；③ 造成人员伤亡和财产的损失；④ 航空安全受到严重威胁。

减少非法干扰类事件影响的途径包括早发现和及时处理，这有利于将事件控制在萌芽状态。

民航地面服务与管理

1. 爆炸物威胁

工作人员应立即报告机场运行控制中心或通知机场公安分局指挥中心，准确告知相关内容（地点，爆炸物外形，报告人的姓名、单位、电话等）。随后，工作人员应保护现场，不要移动爆炸物，也不要让其他人靠近。当相关人员到达现场后，尽可能详细地汇报发现过程。

2. 存在无人认领的可疑物品

工作人员应立即报告机场运行控制中心，并且不要移动无人认领的可疑物品，也不要让其他人员接近。当相关人员到达现场后，将发现过程尽可能详细地进行汇报。

3. 匿名电话恐吓

工作人员应立即记录来电时间和来电号码（若有来电显示），对方的性别、年龄（大概），电话内容和恐吓要求；尽量多与对方通话，了解更多信息；在可能的情况下，应同时拨打公安分局指挥中心电话。随后，工作人员应立即通知机场运行控制中心或公安分局指挥中心。

4. 航站楼非法集会

工作人员应立即报告机场运行控制中心获得信息的途径，非法集会可能发生的时间、地点，可能参加的人数以及集会的内容（包括集会的目的和想要达到的要求）。

5. 冲闯安检现场

冲闯安检现场多发生于航班延误时，旅客往往情绪激动、焦躁不安。当发生冲闯安检现场时，工作人员应立即报告机场运行控制中心。

随后，工作人员应劝说冲闯旅客，但不要产生正面冲突、避免激化矛盾；同时增加工作人员，协助安检、公安人员维持现场秩序。

 知识角

机场该如何应对"疯狂的粉丝"

据报道，某明星团体到达上海虹桥机场时，现场成千上万的"粉丝"过于热情，将自动人行道一侧的扶手玻璃挤爆。无独有偶，在杭州萧山机场，"粉丝"为了近距离接触偶像，疯狂前拥，结果导致机场接机大厅前的玻璃防护栏被硬生生挤碎，不少人受伤。

为此，民航局发布了《关于加强粉丝接送机、跟机现象管理的通知》。该通知着重强调了以下3点：一是防止泄露知名旅客信息；二是要强化机场秩序管理，避免"粉丝"大量聚集；三是杜绝"粉丝"扰乱机上秩序行为的发生。

对机场管理方而言，除了以民航局发布文件的方式约束内部从业者，加强对旅客出行信息的保密工作，还应有更加积极、主动的风险防控与预警机制，有完备的风险预案。对于公众人物的出行，机场有对相关信息保密的义务，同时也有风险预判的责任。

（二）系统运行类

系统运行类突发事件包括大面积停电、弱电系统故障及航班大面积延误等。

1．大面积停电

首先，工作人员应立即报告机场运行控制中心。随后，工作人员应为旅客做好解释，维护现场秩序，防止发生意外，遇有紧急情况立即报告。

2．弱电系统故障

工作人员应报告机场运行控制中心，并说明故障的现象、发生的时间，以及都做了哪些恢复操作，然后按要求转入备份系统。随后，工作人员应向旅客说明情况、安抚旅客情绪，待系统正常后，及时为旅客服务。

3．航班大面积延误

航班大面积延误一般是由雨、雪、雾、沙尘暴等恶劣天气引起的。当遇到航班大面积延误时，工作人员应及时向旅客通报信息，并了解航班的最新动态，以便及早做出必要的准备和调整。同时，工作人员应为旅客提供必要的服务，并安抚旅客情绪。

（三）灾害类

灾害类突发事件包括航站楼失火、地震等。

1．航站楼失火

工作人员应立即实施灭火并报警。与此同时，工作人员应保护贵重物品、协助疏散旅客、安抚旅客，并提供必要的服务。当火被扑灭，现场安全后，工作人员应组织旅客返回。

2．地震

若地震发生前有预报，工作人员应服从相关部门、人员的统一指挥和统一行动。若地震前没有预报，工作人员应保护贵重物品、协助旅客疏散、引导救护人员，并组织好疏散出来的旅客。

当航站楼突发意外事件时，旅客多会有焦虑、烦躁、恐慌等不良情绪出现，此时应如何安抚旅客的情绪？你有哪些小妙招？

二、旅客意外伤害事件

当旅客意外伤害事件发生时，工作人员应保持镇静，设法维持好现场的秩序，不要轻易搬动伤员，并联系急救人员到达现场处置。

（一）摔伤

此类伤害发生概率最大，原因多种多样，如地面湿滑、电梯意外等，也有难以确认原因的情况。若看到旅客摔倒，工作人员应及时上前予以帮助，并及时通知航站楼值班人员前往现场进行处理。

在碰到有旅客堵塞扶梯出口时，工作人员应善意提醒旅客离开此处，以防后方旅客摔倒；当看到地面有液体遗洒，工作人员应及时寻找附近的保洁员清理地面。

（二）设备设施伤害

此类伤害发生的概率较小，一般为儿童在看管不当的情况下发生误伤。若发生儿童意外伤害事件，工作人员应立即通知航站楼值班处或急救中心。碰到有旅客带领儿童乘机，工作人员应注意提醒旅客看管好儿童，勿使儿童在设备周围乱跑、乱碰，以免发生意外伤害事件。

任务实施

情景模拟——航班大面积延误的处理

实施步骤：

1. 学生分为4人一组，分别扮演机场工作人员和3位遇到航班延误的旅客。
2. 根据"任务情景"中提供的相关信息，工作人员为旅客提供必要的服务，并安抚旅客情绪。

任务评价

请根据表5-3对上述任务实施的结果进行评价。

表5-3 任务实施评价表

考核内容	分值	自评分	小组评分	教师评分	实得分
解答航班延误/取消原因，并告知最新航班动态	50				
安抚旅客情绪，语气亲切、友善，尽量满足旅客的合理需求	50				
总分	100				

项目五　机场候机服务与管理

自我检测

1. 航站楼突发意外事件分为哪两大类？
2. 如何预防和处理旅客意外摔伤事件？

民航之窗

暖心守护，平安出行：深航地服用行动诠释责任与担当

2025年2月的一天，深圳机场安检处突发一起旅客身体不适事件。区域值班经理康华鹏接到安检处紧急通知后，立即放下手头工作，第一时间赶赴现场。面对突发情况，康华鹏沉着应对，迅速启动应急预案，一方面及时上报并联系急救人员到场，另一方面妥善维持现场秩序，确保其他旅客正常通行。

在急救过程中，康华鹏全程协助医护人员，从病史询问、症状观察到血压测量，每个环节都积极配合。当急救中心建议旅客转院治疗时，康华鹏毫不犹豫地为旅客推来轮椅，并全程陪同护送。考虑到旅客后续行程可能受到影响，他主动联系票务部门，协助办理改签手续，努力争取最优改签方案。在长达4个小时的陪护过程中，康华鹏始终以旅客为中心，顾不上吃饭休息，用专业的服务和温暖的关怀陪伴在旅客身边。

"康经理不仅救了我的身体，更温暖了我的心。"事后，旅客感激地说道。这朴实的话语，既是对康华鹏专业服务精神的肯定，也是深圳航空优质服务的生动体现。此次突发事件的成功处置，充分展现了康华鹏过硬的职业素养，彰显了深航人专业的职业风范。

深航地面服务部始终坚持以旅客需求为导向，持续优化服务流程，不断提升应急处置能力。相信在更多像康华鹏这样优秀员工的共同努力下，深航必将为旅客带来更加安全、舒适、温馨的出行体验。

资料来源：民航资源网，https://news.carnoc.com/list/633/633634.html

民航地面服务与管理

项目学习效果综合测试

一、选择题

1. 以下选项不是广播用语的要求的是（　　）。
   A. 使用专业术语 B. 准确表达主题
   C. 规范使用格式 D. 声音高亢洪亮
2. 出港类广播信息不包括（　　）。
   A. 办理乘机手续类 B. 航班正常预告类
   C. 航班延误取消类 D. 登机类
3. 问询处的工作人员若有特殊情况需要离开问询处，必须在柜台上设置（　　）。
   A. "请稍等"指示牌 B. "暂停服务"指示牌
   C. "请至其他柜台"指示牌 D. "停止服务"指示牌
4. 以下选项不是导乘服务工作内容的是（　　）。
   A. 帮助旅客使用新设备 B. 到达引导服务
   C. 办理乘机手续 D. 带领特殊旅客服务
5. 以下不是系统运行类突发事件的表现的是（　　）。
   A. 大面积停电 B. 弱电系统故障
   C. 大面积延误 D. 航站楼失火

二、填空题

1. 广播用语的类型以播音的＿＿＿＿和＿＿＿＿来划分。
2. 航班信息类广播用语分为＿＿＿＿广播用语和＿＿＿＿广播用语。
3. 问询处的关闭时间，应在＿＿＿＿＿＿＿＿。
4. 问询服务可以分为＿＿＿＿和＿＿＿＿。
5. 航站楼突发事件包括＿＿＿＿事件、＿＿＿＿事件和＿＿＿＿事件。

三、简答题

1. 航班信息广播用语的格式由哪些因素组成？
2. 什么是"首问责任制"？
3. 导乘服务的工作职责有哪些？
4. 非法干扰类的突发事件有哪些危害？
5. 当发生旅客意外伤害事件时，应如何处理？

项目六

机场商业服务与管理

项目导读

机场不仅要为旅客提供安全、顺畅和舒适的出行服务，还要随着旅客需求的升级不断完善商业服务。这就使得曾经单一的机场商业模式，逐步转变为购物、餐饮、休闲、娱乐及机场保障融为一体的机场商业新模式。

学习目标

知识目标

- 熟悉机场购物及餐饮服务与管理的内容。
- 掌握机场交通及医疗服务与管理的内容。
- 熟悉机场其他商业性服务与管理的内容。

技能目标

- 能够根据旅客需要提供相应的购物及餐饮服务。
- 能够根据旅客需要提供交通咨询和医疗引导服务。
- 能够根据旅客需求，提供保险、金融、邮政、通信、旅游等引导服务。

素养目标

- 培养集体荣誉感和团队协作精神，提升灵活应变能力。
- 增强安全责任意识，培养遵纪守法的职业操守。

民航地面服务与管理

任务一 熟悉机场购物及餐饮服务与管理

任务情景

李女士来北京出差，3天的工作安排得满满当当，行程非常紧张。她本想给家人带一些特产，却一直没有时间购买，感觉非常遗憾。最后一天，她匆匆结束工作来到机场，办完值机手续后，离登机还有3个小时。她打算利用这个时间吃个饭、买点礼品。机场能否满足她的这些需求呢？

知识讲解

一、机场购物服务与管理

随着机场的国际化发展趋势日益凸显及旅客数量的增加，机场航站楼的功能也愈发多样化。其不仅具备供旅客候机的基础功能，也越来越成为旅客休闲购物的重要场所。旅客吞吐量的逐步增长，使得拥有众多国际航线的枢纽机场的商业优势越来越明显，有的大型枢纽机场甚至成了"购物胜地"。一些旅客将机场购物直接列为行程中重要的内容之一。根据机场航站楼的面积、功能及特色，机场航站楼一般开设有免税店、食品店、服装服饰店、工艺品店、书店、玩具店、皮具店、鲜花礼品店、药店等，可以满足旅客的各类购物需要。

（一）免税店

免税店是指经海关总署批准，由经营单位在中华人民共和国国务院或其授权部门批准的地点设立符合海关监管要求的销售场所和存放免税品的监管仓库，并向规定的对象销售、供应免税品的商店。

按照销售渠道的不同，免税店可分为机场免税店、航空公司机上免税店、边境免税店、外轮供应免税店、火车站免税店、客运站免税店、市内免税店、外交人员免税店、邮轮免税店等。其中，机场免税店的规模最大。旅客可以在航站楼内购买国际品牌免税烟、酒、化妆品、皮具、手表等，免税店一般设在国际航班候机区和国际航班到达厅。图6-1为某国际机场免税店。

项目六　机场商业服务与管理

图 6-1　某国际机场免税店

每个国家或地区免税店的购物方式都不太一样。例如，在韩国和日本的机场免税店购物，旅客需要提供护照和回程机票，且韩国机场免税店有购物金额限制；在我国香港的机场免税店购物，则不需要任何手续；在欧洲的机场免税店购买商品，旅客可凭发票在机场退税；在美国的机场免税店购物，旅客需要在登机口领取商品等。

我国购物离境退税政策与离岛免税政策

政策概念

离境退税政策是指对境外旅客在退税定点商店购买的随身携运出境的退税物品，按规定退税的政策。离岛免税政策是指对乘坐飞机离岛（不包括离境）旅客实行限次、限值、限量和限品种在离岛免税店内购买免税进口物品，在店内付款，在机场隔离区提货离岛的税收优惠政策。

享受对象

离境退税政策适用对象是在中国境内连续居住不超过 183 天并乘坐飞机离境的外国人和港澳台同胞。离岛免税政策享受对象是从海南乘坐飞机离岛不离境的中外旅客。

退税商品

离境退税政策商品包含除食品、烟酒等商品以外的 21 大类含税个人消费品（国家限制出口的除外）。离岛免税政策限定为 18 大类进口免税品。

实施流程

离境退税政策实施的基本流程是境外旅客携带退税物品在离境时经海关核验确认，退税代理机构退税。离岛免税政策实施的基本流程是旅客在离岛免税店内付款，在机场隔离区提货离岛。

> **课堂互动**
>
> 查一查享受离境退税政策的21大类含税个人消费品,以及离岛免税政策限定的18大类进口免税品分别是哪些商品?

(二)食品店

航站楼内的食品店多以便利店、小型超市和特产专卖店的形式存在,主要为候机旅客提供便于其携带和直接食用的食品,如预包装的零食、饮料、水果和特色食品等。其中,当地特色食品尤其受到旅客的青睐,如呼和浩特白塔机场售卖的奶制品、牛肉干,武汉天河机场售卖的卤鸭脖、武昌鱼,西安咸阳机场售卖的牛羊肉泡馍等。旅客若不愿去机场餐厅用餐,可以选择购买一些零食或方便食品在登机口休息时食用。

(三)服装服饰店

机场是时尚的聚集地,其航站楼吸引了众多服装服饰品牌,售卖衣服、鞋、箱包等,能够满足旅客不同层次的服装服饰需要。其中不仅有国际知名品牌服饰,还有具有当地文化特色的服饰。例如,四川成都双流国际机场售卖的印有熊猫元素的服装、海南三亚凤凰国际机场售卖的传统岛服,以及少数民族地区机场售卖的民族特色服饰等,不仅可以供旅客自买自用,也适合其作为礼物赠予他人。

(四)工艺品店

有些机场航站楼内设有工艺品店,主要售卖玉器、字画、瓷器、木器和丝绸制品等。这些工艺品大多结合了地方文化特色,有较高的收藏和纪念价值。例如,杭州萧山国际机场开设有丝绸制品商店,珠海金湾国际机场开设有木雕工艺品商店等。再如,南非是世界上最大的鸵鸟产地,南非的约翰内斯堡机场就有几家店铺出售鸵鸟蛋加工成的工艺品(见图6-2),深受旅客喜爱。

图6-2 南非约翰内斯堡机场售卖的鸵鸟蛋工艺品

新闻台

景泰蓝工艺品店入驻首都机场 T3 航站楼

景泰蓝又称"铜胎掐丝珐琅",距今已有 600 多年的历史,是最具北京特色的传统手工艺品之一。它采用金银铜及多种天然矿物质为原材料,集雕刻、镶嵌、玻璃熔炼、冶金等专业技术为一体,古朴典雅,精美华贵,具有鲜明的民族风格和深刻的文化内涵,被称为"国宝京粹",并入选首批国家级非物质文化遗产名录。

首都机场的景泰蓝工艺品店位于 T3 航站楼,毗邻 C27、C28 号登机口,客流量大。开业当天,其销售额就达到了 3 万余元。

景泰蓝工艺品店的引进,进一步丰富了首都机场航站楼内的商品品类,满足了旅客对该类商品的需求,也使得中国的传统文化艺术在"中国第一国门"得到了展示和传播。

资料来源:民航资源网,http://news.carnoc.com/list/217/217021.html

(五)书店

候机时间及飞行时间恰好是适合阅读的时间。全球各大机场分布着各类书店,国内的机场书店主要集中在北京、上海、广州三大城市的复合型枢纽机场,以及深圳、杭州、西安、南京等一线或准一线城市的区域枢纽机场和干线机场。机场书店根据机场客流的特点,为出行的旅客准备了经济管理、成功励志、人物传记、互联网创业等读物及高端时尚类杂志等。

除了传统意义上的书店,某些机场还为旅客提供了极具特色的阅读空间。例如,荷兰史基浦机场直接打造了图书馆,是全球首家永久性机场图书馆,旅客只要持有登机牌就可以进入,如图 6-3 所示。

图 6-3　荷兰史基浦机场图书馆

民航地面服务与管理

新闻台

中信书店：千店千面不改其宗

中信书店是一家机场店、城市店、电商三线出击的连锁书店。中信书店总经理坦陈："这样做的挑战非常大，经营上要面对完全不同的竞争环境和经营环境，需搭建多条供应链系统和服务内容。如何用内容定义出中信书店的核心读者，如何让各条零售线在大环境中互相借力，就要既撇得开，也要互为穿插，避免单一线条的执着，造就书店系统的弹性和可扩展性，深度植入高适应性的书店基因，千店千面，而不改其宗。"

中信书店机场店分布于海口、深圳、厦门、杭州、郑州、大连、西安、济南、合肥等地。谈及中信书店缘何以机场为开店切入点，中信书店总经理说："高度密集的人流，以及商旅客人的旅行阅读需求，是自然存在的刚需市场，以图书作为内容筛选，我们在其中搜寻和捕获了结构性人群，他们是最为活跃的中国经济发展的主流人群。"她介绍，据中信书店的微信公众号数据显示，其会员大多来自机场，"他们接收到了跟机场书店不同的图书内容和信息，自然地转成了电商用户，也成为北京、深圳等地城市店的常客。"机场里的中信书店成为忙碌的商务人群唯一逛书店的机会，有人甚至会因此提前半个小时抵达机场。

资料来源：新华网，http://www.xinhuanet.com/book/2017-10/31/c_129729444.htm

（六）其他零售店

机场航站楼内一般还分布有玩具店、皮具店、鲜花礼品店、电子产品店及药店等。尤其是大型枢纽机场，其零售店的种类更为丰富，机场航站楼俨然已成为大型购物综合体。

二、机场餐饮服务与管理

机场可提供的餐饮服务内容比较丰富，一般设有西式快餐、中式快餐、休闲茶艺、咖啡、特色风味餐饮等多种餐饮品类。我国大型枢纽机场如首都机场、上海浦东国际机场、广州白云国际机场、成都双流国际机场等还引入了肯德基、麦当劳、赛百味、永和豆浆、星巴克等国际著名餐饮连锁品牌，实现了高、中、低的价格体系全覆盖，可以满足不同旅客的就餐需要。

咸阳国际机场的商业特色

为了让旅客足不出机场就可以享受到当地美食，一些机场还进驻了部分本土化特色餐厅。例如，广州白云国际机场T2航站楼吸引了一批广式餐饮名店进驻，不仅有陶陶居、广州酒家、惠如楼等老字号，还有银记肠粉、靠得住、满记甜品等特色广式小吃。

品味海派饮食文化　　上海传统美食亮相浦东机场

2018年4月12日，"舌尖上的浦东机场"系列美食文化活动之一的"上海传统美食秀"在浦东国际机场拉开帷幕。该活动为期1个月，旨在通过具有上海传统特色的美食资源，结合航站楼众多餐厅内的佳肴，打造独特的浦东机场航站楼美食文化。

活动期间，"上海人家""雅品小弄堂"等机场多家餐饮商户均推出了美食菜肴及精致点心，参与此次海派小吃美食展。同时，梅龙镇、乔家栅、冠生园、红房子、老大昌等12家上海人耳熟能详的传统美食代表品牌，也携带各自最具代表性的传统美食参展。此外，多位沪上知名老字号大厨应邀现身，进行传统美食的还原及其烹饪。不仅如此，活动展区里也再现了诸多美食老字号商标原件和实物藏品，让旅客们在一饱口福的同时，还能穿越历史，了解它们背后的故事和文化。

资料来源：人民网，http://sh.people.com.cn/GB/n2/2018/0412/c134768-31453257.html

此外，随着旅客消费水平的升级，很多机场在满足旅客的基础需求之上，通过别致的餐厅设计、独特的菜品供应，积极打造更高级的餐饮服务，让旅客的候机用餐也变成了一种享受。例如，德国慕尼黑国际机场拥有全世界唯一一家设在机场的啤酒厂，旅客可以在这里参观啤酒的酿造过程，然后品尝新鲜酿制的啤酒。又如，美国洛杉矶机场的Drink LA餐厅是一家追求开创性新理念的机场酒吧餐厅，它位于新汤姆·布莱德利航站楼大堂一隅，供应精品葡萄酒、精酿啤酒、经典鸡尾酒和精美小菜。除此之外，它的视野极佳，在这里用餐能将整个航站楼的美景尽收眼底，也极大地提升了旅客的用餐体验。

除餐饮设施别具特色外，机场餐饮部门也在利用信息化手段提高服务效率，减少旅客排队点餐、等餐、支付的时间。很多入驻机场的商家上线了自行开发的App、微信小程序、公众号等，实现了免排队线上点餐、快捷支付等服务，极大地提高了服务效率。另外，机场餐饮服务也会根据旅客的需求提供个性化的升级服务。例如，香港国际机场敏锐地发现了旅客追求健康、环保的饮食潮流，遂联合餐饮品牌，积极推动低碳饮食文化的发展。

你还知道国内外哪些机场在餐饮服务方面具有特色？请与同学们讨论交流。

民航地面服务与管理

任务实施

国内外大型机场商业服务调查

实施步骤：

（1）学生分成若干组，每组4~6人。

（2）学生搜集国内外大型枢纽机场的购物服务、餐饮服务的相关资料，分析各机场购物、餐饮服务的优点和待改进之处，并针对优化我国机场购物、餐饮服务提出建议。

（3）学生以组为单位，以PPT的形式进行活动汇报。

任务评价

根据表6-1对上述任务实施的结果进行评价。

表6-1　任务实施评价表

考核内容	分值	自评分	小组评分	教师评分	实得分
任务资料收集丰富，分析深入、逻辑清晰	40				
PPT制作美观、表达流畅、观点明确	40				
小组协作良好，组员参与度高	20				
总分	100				

自我检测

1．机场购物服务与管理有哪些内容？
2．机场餐饮服务与管理有哪些内容？

任务二　掌握机场交通及医疗服务与管理

任务情景

张先生乘坐飞机去云南旅游，在取行李的时候不小心划伤了胳膊。机场地面服务人员立刻引导张先生到机场医疗急救站止血和包扎伤口。随后，张先生来到机场出租车停

项目六 机场商业服务与管理

靠点,乘坐出租车前往预订的酒店。回程时,张先生想乘坐机场大巴前往机场,不知机场是否提供相应的交通服务。

知识讲解

一、机场交通服务与管理

机场配有多种交通服务设施,并提供交通指引和信息咨询服务。机场交通服务可分为往来机场的交通服务、往来航站楼的交通服务和航站楼内部的交通服务3个部分。往来机场的交通服务主要包含出租车服务、汽车租赁服务、停车场/楼服务及公共交通服务(含城际大巴、市区大巴、公交车、城铁、地铁等)。往来航站楼的交通服务主要是免费摆渡车服务。而航站楼内部的交通服务通常为电瓶车服务。例如,首都机场T3航站楼候机区向旅客提供免费的电瓶车服务,供老、弱、病、残、孕旅客及距起飞时间不足25分钟的急客优先使用。

大兴国际机场的现代化交通服务

(一)出租车服务

机场一般在每个航站楼均设有出租车停靠点,并进行统一调度管理。出发大厅和到达大厅都有清晰的标识,方便旅客乘坐出租车前往市区。其计价方式与城区出租车一致,均打表按里程计费。一些机场还会提供从机场到市区主要目的地的出租车费用参考信息。

 新闻台

> **到浦东机场打车"心里有数":大屏幕显示到上海多地参考车费**
>
> 在浦东机场T1、T2航站楼国际国内旅客到达行李提取转盘处,有34块出租车乘车提示屏(T1航站楼14块,T2航站楼20块)。
>
> 据悉,这批乘车提示屏由上海市交通执法总队联合上海国际机场股份有限公司航站区管理部设立,目的是让旅客在浦东机场打车时,对行驶里程和车费"心里有数"。乘车提示屏明确标注了浦东机场区域出租车候车地点,上海市区出租车计费标准,以及从浦东机场乘坐出租车至虹桥机场等4大交通枢纽、徐家汇等9大商圈、波特曼大酒店等23家宾馆、酒店的里程和参考费用。
>
> 旅客只要拿出手机,扫一扫乘车提示屏下方的二维码,就能获取涵盖浦东机场区域轨道交通、机场巴士、航站楼摆渡车、长途汽车、磁悬浮列车等多种出行方式的"交通指南"。通过"交通指南"微信公众号的"长途汽车"栏目,旅客还可以查看

从浦东机场至江苏南通、张家港、无锡、苏州、昆山，以及浙江温州、嘉兴、杭州、义乌、湖州等城市的相关信息。

上海国际机场股份有限公司航站区管理部总经理表示，在旅客到达行李提取转盘区域摆放乘车提示屏，可在提升旅客服务体验的同时，进一步起到规范管理航站楼内租车柜台的经营活动、打击黄牛拉客现象的作用。

为了打击出租车"坐地起价"，市交通执法总队已在上海部分酒店发放"乘车提示卡"，并在陆家嘴区域、虹桥枢纽区域安装出租车乘车提示屏，从源头上提醒广大旅客，特别是让首次来沪的外国或外地旅客能够对乘车费用一目了然，让不法"黑车"司机和一些不良出租车驾驶员没有"宰客"之机。

市交通执法总队队长表示，交通执法部门一直将机场地区作为重点监管区域，此次与机场航站区合作，在浦东机场行李转盘处安放"乘车提示屏"，就是疏堵结合的有力举措。

资料来源：澎湃新闻，https://www.thepaper.cn/newsDetail_forward_1409035

（二）汽车租赁服务

在"共享经济"的推动下，租车也成为受旅客喜爱的出行方式，对于到达目的地后需要用车的商务旅客及自驾游旅客来说尤为如此。因此，机场针对旅客这一消费需求设置了租车柜台，可提供商务长期租车、商务短期用车、旅游用车、庆典及大型活动用车及个人租车服务。

 新闻台

英国盖特威克机场推出共享电动汽车服务

2018年7月，伦敦盖特威克机场推出了一项全电动汽车共享服务，让旅客和员工可以采用对环境友好的方式往返机场。

盖特威克机场是与Bluecity公司合作推出这项服务的，Bluecity公司运营着泛伦敦地区的电动汽车共享服务，可提供上百辆电动汽车和300多个提车与停放点。

这种电动汽车共享服务的运营方式类似于伦敦现有的自行车租赁项目，旅客可以通过Bluecity公司的App预订汽车，并从安装在盖特威克机场南航站楼前场的10个充电点那里提车。

资料来源：民航资源网，http://news.carnoc.com/list/455/455571.html

（三）停车场/楼服务

机场会根据自身规模设置停车场或停车楼，设有小车位、中巴车位、大车位和无障碍车位，用于停放社会临时车辆及过夜车辆。有些机场提供可预约免费配套服务项目，如雨天为未携带雨具的旅客提供撑伞服务，为提出需求的旅客提供过夜车罩、车衣服务，为老、弱、病、残、孕等有特殊需求的旅客提供轮椅、免费行李搬运和无障碍停车位等。随着电动汽车的广泛使用，有些机场还在停车场设有汽车充电装置供旅客使用。

圣地亚哥机场引入 Chauntry 泊车系统

2018年7月，美国圣地亚哥国际机场引进了 Chauntry 泊车预订系统，以改善机场的停车状况。

Chauntry 泊车系统使得旅客在到达机场前，即可预订停车位并完成支付，从而避免由一些不确定因素导致其在航站楼附近找不到停车位的情况发生。旅客使用该系统提前预订停车位后，系统会为其提供一个条形码。旅客可扫码进出车库。

资料来源：民航资源网，http://news.carnoc.com/list/455/455171.html

（四）公共交通服务

机场巴士一般有市内机场巴士及城际机场巴士。以首都机场为例，旅客不仅可乘坐市内机场巴士往返于机场与北京南站、北京站、公主坟、中关村、上地、奥运村、北京西站、回龙观、通州、四惠、王府井、金宝街、望京、石景山、昌平、南苑机场等地之间（见图6-4），也可乘坐省际机场巴士往返于机场与天津、秦皇岛、塘沽、廊坊、保定、唐山、沧州、赤峰等地之间。此外，上海虹桥机场的旅客还可在"飞常准"App上直接预定虹桥机场定制巴士服务。

图6-4 首都机场市内巴士线路图

地铁准时、便捷的特点使其成了旅客往来机场的重要交通工具。一般来说，机场都与地铁有较好的连接。以广州白云国际机场为例，广州地铁三号线北延至新机场站，乘坐该线路地铁既可直达广州市的中心城区天河区，也可以通过换乘到达广州火车南站，还可通过换乘其他地铁线路前往广州市的其他区域，十分便捷。首都机场、上海虹桥国际机场、上海浦东国际机场等也都设有地铁站。

（五）免费摆渡车服务

大型枢纽机场的航站楼通常不止一个。为便于旅客在航站楼之间往来，机场一般设有免费摆渡车。摆渡车有固定的班次和乘车地点，如广州白云国际机场 T1 航站楼与 T2 航站楼之间的穿梭巴士（空港快线），在高峰时段（每日 06:00—08:00、15:00—18:00）每 5 分钟一班，非高峰时段（每日 08:00—15:00、18:00—23:00）每 10 分钟一班，而常规时段（每日 23:00—06:00）则每 15 分钟一班。其他机场的情况基本类似。图 6-5 所示为日本成田国际机场的免费摆渡车线路及用时图。

图 6-5　日本成田国际机场免费摆渡车线路图

与同学们讨论自己了解的机场特色交通服务。

二、机场医疗服务与管理

机场作为重要的交通枢纽，其旅客流动量大，且工作人员密集。因此，突发性疾病（如心肌梗死、脑梗死等）或人员意外受伤（如摔倒、划伤等）的发生概率较大。为了使患者或伤员能够得到及时、妥善的救治，机场需要具备一定的医疗服务能力，并能够及时做出专业的医疗处理。另外，当航班上突发紧急事件时，也需要伤情鉴别和急救护理等服务。

机场医疗服务主要是为旅客和民航工作人员提供急诊急救、医疗保健、卫生防疫、

项目六 机场商业服务与管理

疾病控制、乘机医学建议、救护转送等服务，备有各种常用的急救药品，急诊一般提供24小时服务，设有机场医疗急救热线，并与更高级别的医疗部门保持联系。机场医疗服务有两种形式，一是按照机场应急救护保障的等级和需要，在航站楼设立应急救护中心、急救站和急救室等；二是在机场配备医疗救护车。

 新闻台

常州机场快速救治患病旅客

2018年3月2日下午3点左右，常州机场医疗急救中心接到控制中心通知：在候机隔离区内，有一名旅客突发疾病，表情痛苦、瘫倒在地，需紧急救治。医护人员立即带着急救箱赶到指定地点，同时通知市区120前来协助。

据了解，该男子是中转旅客，在隔离区内候机期间，由于腰椎间盘剧烈疼痛导致其突然倒地。医护人员紧急通知安全检查部门增派人员，5名安检人员火速到达，将男子抬上担架，紧急送往急救中心救治。10分钟后，120救护车赶到，发病男子被送往医院接受治疗。由于救援及时，该旅客并无大碍。事后，该旅客及家属对常州机场的工作人员表示了诚挚的感谢。

资料来源：中国民用航空局，
http://www.caac.gov.cn/ZTZL/RDZT/2018CYZT/MHZQFW/201803/t20180306_55561.html

（一）机场应急救护保障等级

机场应急救护是指应急救护机构和应急救护人员在机场及其邻近区域，对下列情况采取的应急医疗救护措施，包括飞机突发事件、非飞机突发事件导致的人员伤亡；突发公共（卫生）事件导致的人员伤亡；航空旅客和民航工作人员发生的紧急医疗事件等。

机场应急救护保障等级可划分为10级，如表6-2所示。

表6-2 机场应急救护保障等级

机场应急救护保障等级	最大机型飞机机身长度/m	最大机型飞机机身宽度/m	飞行区等级指标
1	<9	2	1C 1B 1A
2	9~12（不含）	2	2C 2B 2A
3	12~18（不含）	3	3A 3B
4	18~24（不含）	4	3C
5	24~28（不含）	4	3C 3D
6	28~40（不含）	5	3D 4C 4D

表 6-2（续）

机场应急救护保障等级	最大机型飞机机身长度/m	最大机型飞机机身宽度/m	飞行区等级指标
7	40~49（不含）	5	4C 4D 4E
8	49~61（不含）	7	4D 4E
9	61~76（不含）	7	4E 4F
10	≥76	8	4F

注：1. 机场运行的最大机型飞机机身宽度大于表中所列机身宽度的50%时，机场应急救护保障等级应提高一级。
2. 机场运行的最大等级机型飞机全年运行架数少于3 000架次（一次起飞或一次着陆构成运行一架次）的，该机场应急救护保障等级可以降低一级。
3. 在机场设计、建设、初步审定阶段，可采用飞行区等级指标结合机场拟运行的最大机型，确定机场应急救护保障等级。飞行区等级指标仅用于在机场设计、建设、初始审定阶段确定机场应急救护保障等级。
4. 机场应急救护保障等级不得低于1级。

知识角

民用机场飞行区等级划分标准

飞行区等级采用飞行区指标Ⅰ（数字代号）和飞行区指标Ⅱ（字母代号）相结合的方式表示。飞行区指标Ⅰ根据使用该飞行区的最大飞机的基准飞行场地长度确定，共划分为4个等级。飞行区等级指标Ⅱ根据使用该飞行区的最大飞机翼展和主起落架外轮外侧间距确定，分为6个等级，如表6-3所示。例如，4D级机场是指在标准条件下，可用跑道长度≥1 800米，可用最大飞机的翼展为36~52米，以及其主起落架外轮外侧间距为9~14米的机场。民航运输机场的等级一般都在4D以上。

表 6-3 民用机场飞行区等级划分标准

飞行区指标Ⅰ	飞机基准飞行场地长度（m）	飞行区指标Ⅱ	翼展（m）	主起落架外轮外侧边间距（m）
1	<800	A	<15	<4.5
2	800~1 200	B	15~24	4.5~6
3	1 200~1 800	C	24~36	6~9
4	≥1 800	D	36~52	9~14
		E	52~65	9~14
		F	65~80	14~16

（二）机场应急救护机构与人员

1. 机场应急救护机构

机场应急救护机构包括应急救护中心、急救站和急救室等。其中，应急救护中心的主要功能是为机场及其邻近区域的应急救援提供医疗救护管理和服务。急救站的主要功能是为机场及其邻近区域发生人员伤亡、公共卫生事件等提供应急医疗救护服务。急救室的主要功能是应急救护，以及为旅客和民航工作人员提供医疗救治服务。

机场应急救护机构的规模应满足机场应急救护的需要，其设置标准如表6-4所示。

表6-4 机场应急救护机构设置标准

类别	应急救护保障等级 数量	1~4级	5~6级	7~8级	9~10级
应急救护中心		0~1	0~1	0~1	1
急救站		0~1	0~1	1	≥1
急救室（设置在航站楼内）		0~1	1	航站楼面积超过15万平方米的，每增加15万平方米应增设1个急救室；并且旅客集中区域急救室最大间隔距离不超过1 000米	

应急救护医疗设备一般包括医疗急救仪器、器械（材）、药品、急救箱等，其种类和数量应满足机场应急救护的要求，并保持完整、可用的状态。

2. 机场应急救护人员

机场应急救护人员包括应急救护指挥（管理）人员、医疗专业人员、救护车司机等。

应急救护指挥（管理）人员应熟悉机场应急救援（救护）法规、规章和标准，熟悉该机场应急救援（救护）预案，掌握本机场应急救护工作规范和工作程序，具备现场指挥和应对能力。应急救护保障等级8级以上机场所配备的应急救护指挥（管理）人员中，具有医学专业资质的人员不得少于50%。

医疗专业人员应具备医学相关专业执业资格和民用机场应急救护专业培训经历，具备应急救护知识和技能，了解机场应急救援（救护）法规、规章和标准，熟悉机场应急救护预案，掌握该机场应急救护的工作规范和工作程序。

救护车司机应具备救护车辆驾驶资格和培训经历，熟悉该机场应急救护预案和该机场交通规则，掌握该岗位的工作职责和工作程序。救护车司机的配备人数为每辆救护车不少于1人。

民航地面服务与管理

📰 新闻台

让爱流动：春运期间美兰机场推出"流动医疗站"服务

2018年春运返乡高峰期，为缓解旅客焦急候机导致的身体不适等突发状况，海口美兰国际机场（以下简称"美兰机场"）在航站楼内推出了"流动医疗站"服务。据悉，该医疗服务除了为旅客提供特调冬日暖身养生茶以外，还不定期地为旅客提供免费量血压和健康咨询等服务，用高品质的服务给旅客们送去春运归途上的冬日温暖。

美兰机场急救中心作为机场重要的对外服务窗口，主要提供24小时急诊、全科门诊、机场应急救护保障、卫生宣教、健康咨询及指导、健康管理等服务，致力于为旅客提供高品质的医疗服务。美兰机场共设有4个医疗点，分别位于机场功能区、国内航站楼到达厅1号门、隔离区内16号登机门正对面，以及国际航站楼隔离区外。

此外，美兰机场在航站楼内共配备了7台自动体外除颤仪（AED）。其中，国内航站楼设有4台，分别位于4号登机门、13号登机门、B区服务总台旁和B区安检台旁；国际航站楼设有3台，分别位于出发厅入口处、候机厅母婴休息室门口和到达厅边检执勤附近。

资料来源：中国新闻网，http://www.hi.chinanews.com/hnnew/2018-02-15/456067.html

任务实施

机场交通（或医疗）服务与管理现状调查

实施步骤：
（1）学生分成若干组，每组4~6人。
（2）学生以组为单位，通过资料搜集、实地考察等方式，了解当地（或距离最近）机场的交通服务与管理（或医疗服务与管理）的现状，并撰写调查报告。
（3）学生以组为单位，以PPT的形式汇报调查结果，并提出相应的优化建议。

任务评价

根据表6-5对上述任务实施的结果进行评价。

项目六 机场商业服务与管理

表6-5 任务实施评价表

考核内容	分值	自评分	小组评分	教师评分	实得分
真实了解机场的交通或医疗服务与管理现状	20				
任务资料丰富，调查报告完整、规范	30				
PPT制作美观，汇报逻辑清晰，观点表达明确	30				
小组协作良好，组员参与度高	20				
总分	100				

自我检测

1. 机场交通服务与管理有哪些内容？
2. 机场医疗服务与管理有哪些内容？

任务三　熟悉机场其他商业性服务与管理

任务情景

小赵和小谢相约从北京乘坐飞机去新加坡旅游。起飞前，他们在首都机场购买了航空意外保险，利用机场自动货币兑换机兑换了一些新加坡元，并租借了可在新加坡使用的无线上网卡。到达新加坡樟宜机场后，他们来到位于T3航站楼的游客服务中心，想定制一份旅游计划。机场的游客服务中心是否能满足他们的需求？机场还能提供哪些商业服务？

一、机场保险服务与管理

机场航站楼内设有保险销售柜台。旅客可自主选择购买哪一家保险公司提供的保险产品及哪一类保险产品。有些机场航站楼内还设有保险售卖机，旅客可直接使用保险售卖机，或用手机扫描上面的二维码购买保险。相关的保险产品包括以航空意外伤害为主要保障项目的航次保险、短期交通意外伤害保险、旅客托运行李保险、航班延误保险、航班取消保险、特价客票取消补偿保险等。

民航地面服务与管理

二、机场金融服务与管理

随着国际交流的进一步扩大，旅客在机场的货币兑换需求增长迅猛。为此，枢纽机场的航站楼大多会配备支付服务中心，并安排精通英语、熟悉涉外场景的工作人员现场值守。支付服务中心通常位于国际航班到达厅出口附近，其中设置有支持银联、VISA、万事达、美运、JCB五大主流境内外银行卡的ATM机和人民币现金零钱包。乘坐国际航班到达该机场的旅客可享受支付服务咨询、协助下载开通移动支付、绑定境外银行卡、用ATM机支取人民币现金、兑换人民币现金零钱包等专业化、多元化的服务。

三、机场邮政服务与管理

机场一般会设有邮局或邮政代办点，为旅客提供特快专递、邮政汇款、各类包裹或信函邮寄、出售邮票、信封等。例如，石家庄正定国际机场针对旅客登机前的违禁品处理需求，特别设立机场邮政速递代办点。旅客可将速递的地址、电话等信息写下来，与自己不能带上飞机的物品一起留给揽件员进行邮递。有些机场的邮局还会提供纪念邮戳服务。例如，西安咸阳国际机场邮局提供多个印有当地风景的邮戳，一些旅客会特意前往盖戳留念。

四、机场通信服务与管理

在通信服务与管理方面，机场一般会为旅客提供电话卡、流量包的售卖，以及Wi-Fi设备的租赁业务。有些机场的航站楼内设有通信公司营业点，为旅客提供通信业务办理和咨询等服务。有些机场还提供公用电话，以满足旅客的不时之需。例如，北京大兴国际机场设有免费的公用电话，可供旅客免费拨打3分钟国内电话。

 新闻台

合肥新桥国际机场提供境外Wi-Fi设备租赁服务

2018年7月，合肥新桥国际机场航站楼推出了境外Wi-Fi设备租赁和境外电话卡售卖服务项目，旅客出境不用再担心手机流量不够用，以及打电话有可能产生高额话费的情况发生。

柜台服务人员介绍，境外Wi-Fi设备可提供东南亚国家和地区，以及欧美国家范围内的无线上网服务，其租赁业务量随着合肥机场国际航班的不断增加而增加。

境外Wi-Fi设备的租赁方式很简单，旅客可以在网上预订，也可以到机场现场办理。设备租赁的价格根据目的地的不同会有所差异。例如，在东南亚国家和地区使用，其每天的租金在18～30元之间；在美国使用，其每天的租金在20～30元之间。

柜台除了提供Wi-Fi设备的租赁服务外，还提供境外电话卡售卖服务。例如，8天可通话90分钟，且流量不限量使用的电话卡，价格为60元。旅客可根据自己在境外旅游的天数，购买合适的境外电话卡产品。

资料来源：安徽新闻，http://ah.anhuinews.com/system/2018/07/24/007922957.shtml

五、机场旅游服务与管理

机场作为城市的形象窗口，做好旅游相关服务，不仅极大便利了旅客出行，也会成为吸引旅客前来的一个重要因素。为此，机场大多设有旅游咨询中心或游客服务中心，提供机场设施指引和航情咨询服务，并为旅客提供旅游咨询、酒店预订、旅游线路预订、旅游用车等服务，免除了旅客"初来乍到"的不安。机场的旅游咨询中心或游客服务中心除了有人工服务外，还会提供纸质的旅游宣传资料和电子屏查询设施，供旅客自助查询吃、住、行、游、购、娱等全方位的旅游信息，量身订制旅游线路。

俄罗斯针对中国游客推出特色服务

任务实施

机场商业服务与管理特色调查

实施步骤：

（1）学生分成若干组，每组4～6人。

（2）学生以组为单位，通过资料搜集和实地考察，了解某机场的商业服务与管理状况，并撰写调查报告。

（3）学生以组为单位，以PPT的形式汇报调查结果。

任务评价

根据表6-6对上述任务实施的结果进行评价。

表6-6　任务实施评价表

考核内容	分值	自评分	小组评分	教师评分	实得分
任务资料丰富，调查报告完整、规范	40				

民航地面服务与管理

表 6-6（续）

考核内容	分值	自评分	小组评分	教师评分	实得分
PPT 制作美观，汇报逻辑清晰，观点表达明确	40				
小组协作良好，组员参与度高	20				
总分	100				

自我检测

1. 机场的保险、金融、邮政、通信和旅游服务与管理通常包含哪些内容？
2. 请列举你所知道的比较有特色的机场服务内容。

民航之窗

广州白云机场"不一样"的春运

2025 年 2 月 22 日，为期 40 天的春运圆满收官。春运期间，广州白云机场贯彻落实广东省委、省政府和民航局对春运工作的部署和要求，以全新的服务理念、丰富的文化活动和温馨的出行体验，打造了一场"不一样"的春运，保障了广大旅客平安、便捷、温馨出行。这场春运不仅充满了浓浓的年味，更展现了智慧化服务的品位，以及民航人满满的人情味。

年味：传统文化与节日氛围相融合

为了让广大旅客感受到浓厚的春节气氛，白云机场精心策划了一系列充满"中国风"与"广府味"的文化活动。航站楼内张灯结彩，红红的灯笼、象征大吉大利的"年桔"，以及喜庆的蛇年主题陈设，营造出喜庆祥和的节日出行氛围。

此外，白云机场还在航站楼举办了醒狮表演，锣鼓喧天、热闹非凡；英歌舞、杂技、民乐演奏等文化活动轮番上演，为旅客带来了视觉与听觉的双重享受。旅客刘先生为了多看两眼非遗英歌舞表演，从 T1 航站楼一直追到 T2 航站楼，看完直呼过瘾："英歌舞太火了，都上了春晚，我还一直没机会线下观看，这次有幸在白云机场看到，真的精彩，太开心了！"

值得一提的是，白云机场还引入了第十五届全国运动会（以下简称"十五运会"）的特许商品展示区，萌趣盎然的吉祥物"喜洋洋""乐融融"携一众文创精品亮相，吸引很多过往旅客驻足选购。一位来自大连的旅客兴奋地说："之前了解到十五运会是粤港澳三地一起举办的运动盛会，意义重大。坐飞机正好看到十五运会特许商品展示，就买两套送给朋友，我自己也想要收藏一套。"

项目六　机场商业服务与管理

品位：智慧化服务提升出行体验

春运期间，白云机场针对航班旅客量集中的情况，推出了系列创新举措，打造"智慧+温情"的出行体验。机场积极发挥运管委协同联动优势，加强与空管、航空公司、驻场单位沟通协调，保障旅客平安高效便捷出行。前场各单位加强人手调配，在自助值机和自助托运区域安排专人协助旅客办理乘机手续。为助力旅客快速通过安检，白云机场在春运期间还全面升级了"易安检"服务，乘坐国内航班且符合"易安检"资质的旅客，无须提前预约即可使用白云机场"易安检"通道过检，用时较以往缩减50%以上，让旅客出行更加便捷、高效。

与此同时，白云机场在服务品质上也取得了显著成效。春运40天共保障航班起降6.06万架次，旅客吞吐量达941.78万人次，货邮吞吐量实现24.37万吨。节前高峰出现在1月25日（农历腊月廿六），单日接送旅客25.92万人次；节后返程高峰则在2月3日（正月初六）达到峰值，单日接送旅客26.41万人次。成绩的背后，是在白云机场工作的所有民航人的辛勤付出和对服务质量的不懈追求。

资料来源：中国民航网，http://www.caacnews.com.cn/1/5/202502/t20250223_1385382.html

项目学习效果综合测试

一、选择题

1. 离境退税政策的适用对象是在中国境内连续居住不超过（　　）天并乘坐飞机离境的外国人和港澳台同胞。

　　A. 181　　　　　　　　　　B. 182
　　C. 183　　　　　　　　　　D. 184

2. 机场通常不会为旅客提供什么商业服务？（　　）

　　A. 餐饮　　　　　　　　　　B. 学习
　　C. 休息　　　　　　　　　　D. 交通

3. 作为旅客往来机场的重要交通工具，下列（　　）不是地铁的特点。

　　A. 准时　　　　　　　　　　B. 运量大
　　C. 便捷　　　　　　　　　　D. 有效躲避自然灾害

4. 机场运行的最大机型飞机机身宽度大于规定机身宽度的（　　）时，机场应急救护保障等级应提高一级。

　　A. 50%　　　　　　　　　　B. 30%
　　C. 60%　　　　　　　　　　D. 80%

5. 为机场及其邻近区域发生人员伤亡、公共卫生事件等提供应急医疗救护服务的是（　　）。

    A．应急救护中心　　　　　　　B．急救室

    C．急救站　　　　　　　　　　D．指挥中心

二、填空题

1．机场免税店一般设在_____、_____。

2．机场交通服务主要可以分成_____、_____、_____三个部分。

3．机场应急救护人员包括_____、_____、_____等。

三、简答题

1．为什么大型枢纽机场会成为"购物胜地"？

2．为了方便旅客在不同的航站楼之间穿梭，机场提供了哪些交通服务？

3．为什么说机场需要具备一定的医疗服务能力，并能够及时地做出专业的医疗处理？

参考文献

［1］马松伟. 民用航空地面服务与管理［M］. 北京：清华大学出版社，2020.

［2］黄颖芬，朱海峰，陆叶. 民航旅客地面服务［M］. 北京：清华大学出版社，2024.

［3］李永，朱天柱. 民航机场地面服务概论（第二版）［M］. 北京：中国民航出版社，2020.

［4］何蕾. 民航机场地面服务（第三版）［M］. 北京：化学工业出版社，2020.

［5］张秋杰，冯利. 民航旅客地面服务［M］. 重庆：重庆大学出版社，2022.